LOS CICLOS DEL ALMA

El Proceso de *Conexión*

Dec. 08, 2011

Queridos Viviana & Alvaro,

Con mucho cariño, que esta
lectura le inspiren cada
día a encontrar y unir
su pequeño.

Un abrazo

Sharon [illegible]

Sharon M. Koenig

LOS CICLOS DEL ALMA

El Proceso de *Conexión*

Un camino para *vivir* tu verdadero propósito

EDICIONES OBELISCO

Si este libro le ha interesado y desea que le mantengamos informado de nuestras publicaciones, escríbanos indicándonos qué temas son de su interés (Astrología, Autoayuda, Ciencias Ocultas, Artes Marciales, Naturismo, Espiritualidad, Tradición...) y gustosamente le complaceremos.

Puede consultar nuestro catálogo de libros en www.edicionesobelisco.com

Colección Nueva Conciencia
LOS CICLOS DEL ALMA. EL PROCESO DE CONEXIÓN
Sharon M. Koenig

1.ª edición: noviembre de 2011

Maquetación: *Marta Rovira*
Corrección: *M.ª Jesús Rodríguez*

Fotografía Arte Portada: *Shutterstock*
Arte Portada: *Enid López y Jimmy Navarro*
Fotografía Sharon M. Koenig: *Raymond Collazo*
Edición: *Giovanna Cuccia, Martha Daza Miranda*

Edita: Ediciones Obelisco S. L.
Pere IV, 78 (Edif. Pedro IV) 3.ª planta 5.ª puerta
08005 Barcelona - España / Tel. 93 309 85 25 - Fax 93 309 85 23
E-mail: info@edicionesobelisco.com
Paracas, 59 C1275AFA Buenos Aires - Argentina
Tel. (541-14) 305 06 33 - Fax: (541-14) 304 78 20

ISBN: 978-84-9777-797-1
Depósito Legal: B-34.119-2011

Printed in Spain

Impreso en España en los talleres gráficos de Romanyà/Valls S. A.
Verdaguer, 1 - 08786 Capellades (Barcelona)

ELOGIOS A
Los Ciclos del Alma

«Con un lenguaje sencillo y claro, Sharon nos ofrece una guía que aborda el complejo tema de cómo hacer crecer nuestra conciencia a través de la conexión con nuestra espiritualidad. Su libro es verdaderamente inspirador en estos tiempos de caos e incertidumbre».

ROSA BAROCIO,
autora de *Disciplina con amor*

«Sharon Koenig posee el singular don de transmitir una profunda sabiduría entablando una conversación espontánea con el lector. Sus palabras nos encuentran allá donde estamos y, al mismo tiempo, nos hablan desde ese mismo lugar. Adoro la honestidad, la solidez y la esperanza que contiene este libro. Me encanta. Gracias a su lectura me siento más cerca de Dios».

VICTORIA MORAN,
autora de *Tu belleza interior, tu peso interior*

«*El Proceso de Conexión* de Sharon Koenig es una invitación a la transformación de nuestra vida. Este libro es esencial para todo el ser humano que realmente desee elevar su vida a un nivel espiritual y aprender a operar desde ese nivel para permitir que el plan maestro de cada uno se realice según el orden divino. Esta obra es una joya y un regalo de vida que la autora nos hace, ya que en ella nos ofrece una guía práctica para desarrollar nuestro máximo potencial. Sharon Koenig primero nos conduce en un viaje interior, para que podamos descubrir la influencia y el impacto que nuestras creencias y actitudes tienen sobre decisiones, acciones y resultados. Luego, nos brinda unos pasos sencillos de seguir para crear un "portafolio" de nuestra vida, con el fin de ayudarnos a conseguir los resultados que todos como seres humanos anhelamos. Sharon Koenig despierta nuestra conciencia, nos educa y orienta de una manera simple, fácil de entender y sencilla de imitar, para crear una vida acorde al Plan Divino. Y partiendo de lo divino ¡todo es posible!».

Chris Lee,
motivador, *lifecoach* y vicepresidente de Impacto Vital

«Gracias a este libro lleno de inspiración he aprendido cómo alinearme a las fuerzas del universo para cumplir con mi verdadero propósito de vida: el ser la voz de aquellos niños que no pueden hablar por sí mismos».

Jean-Robert Cadet,
autor de *Restavec* y *My Stone of Hope*

«Este libro tiene todo lo que se necesita para poder entrar en la Divina Presencia».

Muñeca Geigel,
autora de *El arte de ser feliz* y *Tú puedes tenerlo todo*

«Sharon tiene el don de llevar a las personas a conectarse con su Divinidad».

Judy Brooks,
Productora del programa de TV de PBS *Healing Quest*

A mi Dios, quien me inspira en todos los caminos, a mi abuelita Amparo, quien sembró en mi corazón la semilla de la espiritualidad, y a mi hija Gabrielle, quien con su presencia me bendice cada día.

AGRADECIMIENTOS

Humildemente le agradezco a Dios y a Sus legiones por brindar cada día toda la luz, todo el amor y toda la paciencia a este canal tan renuente e imperfecto. A Jayleen Gorritz, mi asistente, hermana, amiga del alma. Simplemente eres un ángel, sin ti y sin nuestras interminables conversaciones, este libro no estaría en las manos de los lectores. Gabbie, gracias por prestar tu mamá al universo, eres mi bendición. Martha Daza, gracias a Dios por tu existencia y tus pinceladas de edición, tu trabajo incondicional me brindó la certeza de que estos pensamientos estuvieran en un orden racional y coherente. Gracias a ti, Giovanna Cuccia, por creer en este mensaje, a pesar de vivir en diferentes continentes cada vez que te cruzas en mi camino ocurre un milagro. Dada J. P. Vaswani, mi maestro, gracias por mostrarme finalmente quién es Dios: cómo llegaste a mí desde la India hasta Puerto Rico, es un misterio. Gracias Marianne Williamson, por ser inspiración, tus oraciones realmente hicieron un milagro. Gracias Jaime (Papá Jaime) Jaramillo; conocerte dio un nuevo significado a la palabra «servicio». Chris Lee, gracias por tu amistad y por mostrarme lo que es posible cuando reconoces tu misión. Enid López, gracias por ayudarme a plasmar la idea de este arte y por todos tus años de amistad y servicio. Gracias también a mi equipo de trabajo, a Daisy, a Jimmy por el arte gráfico, a Josué, a Raymond, por esas hermosas fotos y a Emmanuel. Finalmente, gracias desde lo profundo de mi corazón, a todas las personas, maestros y amigos quienes de una forma u otra han contribuido a mi aprendizaje y a la difusión de estas enseñanzas.

PRÓLOGO

Hace varios años comencé una intensa búsqueda espiritual, originada por una necesidad personal de encontrar la paz, tras fuertes y trasformadoras vivencias que experimenté durante diferentes etapas de mi vida. Como parte de mi proceso de sanación me dediqué a organizar grandes eventos internacionales con el objetivo de compartir mi aprendizaje con otros. Estos eventos que, a su vez, transformarían a miles de personas, contaron con la participación de maestros espirituales del calibre de Marianne Williamson, Wayne Dyer y Deepak Chopra, quienes me brindaron la oportunidad de conocer valiosos métodos y avances en el campo de la espiritualidad y el crecimiento personal.

Mientras continuaba mi búsqueda del secreto de la paz interior, me mantuve bajo la tutela directa de varios maestros que me enseñaron valiosas lecciones de vida. Gurús, alquimistas, lamas, metafísicos, magos, monjes, sacerdotes, indígenas y filósofos de los más variados lugares del mundo me ofrecieron el regalo de su sabiduría. Estas enseñanzas llegaron a mí, desde lugares tan remotos como la India, el Tíbet, Inglaterra, América del Norte y del Sur, y de otros tan cercanos, como las montañas de mi propia tierra, Puerto Rico.

También aprendí importantes lecciones de otras personas, aparentemente más simples, pero que guardaban dentro de sí una gran sabiduría. De este modo, durante años, me dediqué a aprender los secretos de la espiritualidad y la alquimia, de los diferentes sabios que el universo colocaba a mi alcance.

En ocasiones, algunas de las técnicas que conocí eran muy difíciles de practicar; otras veces, el proceso espiritual dependía de largos cursos, meditaciones, complejas posiciones de Yoga, densas lecciones de física, respiraciones y mantras.

Durante mi aprendizaje, compartía con los demás mis conocimientos y trabajaba ayudando a personas para lograr la materialización de sus sueños utilizando técnicas de meditación, decretos y visualización creativa. En varias ocasiones tropecé con un obstáculo al descubrir que, a pesar de la eficacia de las técnicas, los resultados eran muy variados y no siempre correspondían a lo ideal, pues la paz y la alegría resultaban ser momentáneas y, al poco tiempo, la persona recaía en el mismo vacío original y en el mismo patrón de conducta. Este círculo de sanación y recaída fue también mi experiencia personal durante años. Aunque consciente de que la única manera para encontrar verdadera armonía era permitiendo que la energía directa de Dios se manifestara en los demás y en mí misma, en realidad, no entendía el porqué de las recaídas en la desolación.

Finalmente descubrí, casi por casualidad, que cuando consistentemente seguía unos pasos específicos, surgían «milagros» espontáneos en la vida de las personas con quienes trabajaba, al igual que en la mía propia. Al finalizar las sesiones de ayuda, me sentaba y revisaba todos los pasos y las conversaciones que habíamos mantenido antes del «milagro», y cuando digo «milagro», me refiero a superar acontecimientos negativos del pasado, o a experimentar un cambio drástico, naturalmente y sin dolor. Los pasos siempre tenían el mismo patrón de secuencia: primero tenía lugar una etapa de autobservación y aceptación, que seguida del agradecimiento y de la conexión con Dios, automáticamente invitaba a la sanación por medio del perdón. Luego, dejar ir el resultado permitía que espontáneamente se sanara la situación. Muchos sueños se hicieron realidad: desde un trabajo en la India, un premio, una relación amorosa, una reconciliación, hasta una sanación espontánea, y lo más importante fue ver que la paz interior y la armonía se mantenían durante mucho tiempo a pesar de las circunstancias exteriores. En fin, no podía negarlo, había algo especial en este proceso, por esta razón decidí compartir con más personas las preciosas lecciones que aprendí.

¿Cómo utilizar este libro?

Este libro es un manual para despertar. Está diseñado como una conversación semejante a las que tengo con las personas que acuden a mí para descubrir su verdadero propósito. En este libro no hablo de religión ni de dogmas y rituales. Estas páginas están impregnadas de espiritualidad, valores y prácticas positivas. En realidad no hay nada especial que debas hacer, sólo leer con toda tu atención.

En este libro está plasmado el *Proceso*. Te sugiero que no saltes ningún capítulo durante su lectura, pues cada lección va preparando el camino para la gran solución. Mientras vayas leyendo irás haciendo reflexiones inconscientes que te llevarán a recibir el conocimiento último con más facilidad. Las lecciones son aparentemente simples y quizás muchas de ellas te resultarán familiares. Sólo tu *Yo* sabrá cuáles son afines a ti y cuáles debe descartar. Este *Proceso* no consiste en una solución momentánea, sino más bien, es una forma de vida.

Tú mismo tienes en tu interior la respuesta. Yo no puedo educarte, nadie puede hacerlo realmente. La palabra «educar» viene del griego *educere*, que quiere decir 'sacar lo que ya llevas dentro'. Sólo tú puedes educarte. No hay maestros indispensables.

Tampoco puedo motivarte. Nadie puede motivar a otro a hacer lo que no está previamente destinado a hacer en su vida; al menos no por mucho tiempo. Tampoco puedo inspirarte. La palabra «inspirar» viene de *inspirito*, 'la información llega directamente del espíritu'. Tan sólo puedo invitarte a que tú mismo te conectes con tu propia fuente, sin necesidad de depender de técnicas, talleres, maestros, personas, ordenadores o libros. La solución está en tu interior y la gran pregunta es: ¿cómo llego hasta allí? o en otras palabras: ¿cómo descubro los obstáculos que me impiden avanzar en el camino para llegar a donde ya estoy?

El propósito de este libro es, en un primer momento, llevarte por el camino del encuentro interior, para luego guiarte, gracias a unos pasos específicos, hacia la conexión con tu verdadero *ser interno* y con Dios. Dios es todo lo que necesitas para vivir en la Luz. Dios es uno, no importa la religión, el color, o el lugar donde te encuentres. Cuando estás conectado a Su orden y a Su eterna fuerza compasiva, omnipresente e inteligente, ya no tendrás que ir tras sueños, ni materializarlos por medio de técnicas, pues éstos simplemente vendrán a ti. Cuando vives en esta constante conexión, verás que tampoco es necesario forzar los acontecimientos, pues te darás cuenta de que la realización espontánea de tu más alta expresión y tu propósito verdadero serán inevitables, ya que descansarás en la misma sabiduría que dirige todas las galaxias del universo, que es Dios. Esta conexión es, en realidad, nuestro estado natural que se ha ido perdiendo y oxidando debido al miedo, las dudas, los rencores y la falsa ilusión que nos separa de Él. Perdemos la conexión cuando olvidamos quiénes somos realmente.

INTRODUCCIÓN

Un ciclo es una manifestación periódica por medio de la cual evoluciona todo en el universo. El ciclo se mueve en ritmos y dura un tiempo determinado. Tras un ciclo nada vuelve a su lugar de origen sin haber experimentado un cambio. Las galaxias y las estrellas tienen sus ciclos.

El huracán y la galaxia se mueven en espiral; un ciclo puede demorar un microsegundo o puede durar una aparente eternidad.

Existen los macrociclos reflejados en los viajes de los astros por el firmamento y los microciclos, como el ciclo de la luna. Las eras del universo, estudiadas y calculadas por diferentes culturas ancestrales, desde los mayas y los hindúes, hasta los egipcios y los griegos, constituyen también grandes ciclos. Todo el universo evoluciona por ciclos y lo podemos imaginar como una sucesión de espirales. Cada ciclo es parte de una armonía conjunta. Estos grandes y pequeños movimientos ocurren de forma similar tanto en el mundo físico, como en el mundo espiritual o invisible.

De acuerdo a la filosofía hindú, el universo es una manifestación de Brahma, el «todo», quien con la ayuda de la diosa Shiva, realiza un gran baile eterno de creación y destrucción para luego comenzar de nuevo. El universo crece, se expande y se contrae, este concepto es muy similar a la teoría de la física moderna del Big Bang, que habla de la capacidad del universo de crearse para luego destruirse a sí mismo. Los cosmólogos hindúes y el Bhagavad Gita dividen estas inhalaciones y exhalaciones del universo en eras, o ciclos predecibles llamados *Yugas*, los cuales se repiten cada cientos de miles de años.

Varias culturas ancestrales están de acuerdo en que nos encontramos actualmente entre el final y el comienzo de una de estas grandes eras, lo que significa que estamos próximos a un gran cambio que llevará a un nuevo renacimiento. Lo que sucederá y cómo sucederá no está claro, lo que sí está claro es que estamos cambiando y que todas nuestras antiguas creencias están siendo cuestionadas. Estamos viviendo un proceso de revisión total: desde el mundo de las finanzas, la organización de los gobiernos y el sistema monetario, a los derechos humanos, la medicina y la educación; incluidos nuestros valores, la ciencia y la espiritualidad, todo está en mesa de debate.

En este nuevo tiempo, ya no podremos ignorar las injusticias sociales, no podremos negarnos a considerar a la humanidad en su totalidad y perseguiremos la abundancia, el equilibrio y el bienestar común. Ya no estaremos ciegos a los cambios climatológicos que están ocurriendo en la Tierra y que también forman parte de esta transformación.

Afirman algunos filósofos que el hecho de vivir en esta época equivale a cientos de vidas en grados de evolución. Tu alma o tu *ser interior*, también evoluciona en ciclos y viaja en una travesía de regreso a su fuente, que es Dios. Lamentablemente la mayoría de nosotros olvidamos quiénes somos, de dónde venimos y para qué fuimos creados. Nos perdemos por el mundo, siguiendo el gran circo de distracciones, olvidando la verdadera razón de nuestro existir en este momento histórico y eso, a su vez, nos trae como consecuencia la insatisfacción, la depresión, los problemas económicos y las enfermedades.

El propósito de este libro es reclutarte de nuevo en la fuerza única, en la Legión universal del Bien para que ocupes la posición estratégica que te corresponde en este momento de cambio. Antes de nacer ofreciste tu talento y tu servicio; es posible que lo hayas olvidado, pero tu alma no, ella siempre lo recuerda y te envía señales por medio de un vacío que no consigues llenar.

Este libro es una llamada, una invitación para que vuelvas a alistarte en el plan que Dios tiene para ti y al que accediste en algún momento. Nadie puede hacer por ti lo que sólo tú puedes lograr, nadie puede ocupar tu puesto, eres insustituible en el plan de Dios. Tampoco puedes saber a ciencia cierta cuál es tu misión, a menos que te conectes directamente a Él y a Su plan, y para esto necesitas hacerlo conscientemente, dando tu permiso y entregando tu voluntad a la inteligencia superior del diseño universal, que Dios tiene para todos.

La célula en el cuerpo humano no puede tener un plan propio, ésta debe seguir el diseño universal, como tampoco tú puedes tener una agenda sólo tuya, que no incluya la totalidad. Existe un orden perfecto; un orden que alteramos constantemente cuando nos aferramos a nuestros deseos más egoístas, los cuales no respetan este diseño armonioso. Pretendemos controlar nuestras vidas y las de los demás sin la ayuda Divina.

No podemos cambiar las oscilaciones de los ciclos, pero sí podemos aprender a reconocer las tormentas y a navegar por aguas tumultuosas. No podemos evitar el ciclo del invierno, pero sí podemos prepararnos y abastecernos de comida, ropa caliente y adecuada, y buscar refugio. No podemos evitar que suba y baje la marea, pero sí podemos aprender las coordenadas y mantener nuestro rumbo, sin perder el norte.

PRIMERA PARTE

LA ESENCIA DEL SER HUMANO

CAPÍTULO I

¿QUIÉN SOY?

Antes de perseguir nuestros sueños, sería prudente y oportuno plantearnos varias preguntas: ¿Quién soy? ¿De dónde vengo? ¿Cuál es mi verdadero propósito? Estas preguntas básicas que llevan a otras más profundas del tipo ¿cómo funciona mi yo interior?, ¿cuáles son las reglas del juego de la vida? a menudo se olvidan en un mundo que va a toda velocidad. En nuestras vidas demandamos excelencia, eficacia y rapidez; pero te has preguntado realmente ¿de dónde vienes y hacia dónde te diriges? y, algo más importante aún, te has preguntado ¿quién tiene el manual de instrucciones de la existencia?

CAPÍTULO 2

¿DE DÓNDE VENGO?

SOMOS POLVO DE ESTRELLAS

Estando con mi hija en el planetario del Museo de Historia Natural de la ciudad de Nueva York, mientras miraba maravillada el espectáculo de las galaxias, me preguntaba cuál era mi propósito en este universo infinito, y qué importancia podía tener yo, si apenas soy una partícula de polvo en medio de un universo interminable.

Pero luego pensé que hasta el más pequeño de los organismos, como son las bacterias, las células y los parásitos, tiene su propio propósito, imprescindible para el desarrollo de la vida del planeta y que todos siguen un plan previamente trazado.

Uno de los principios universales dicta «Como es arriba es abajo», o sea, el plano de cómo funciona el universo se repite a diferentes escalas y en diferentes niveles. Si fuéramos una partícula microscópica y miráramos a nuestro alrededor seguramente veríamos todo –las mesas, las personas, el agua– no como cosas físicas, sino exactamente como veía yo las galaxias en el planetario: un inmenso espacio, un gran vacío.

En física la única diferencia entre una roca y una hoja es la configuración atómica y su vibración; cuanto más rápido vibre el objeto, más invisible; cuanto más lento vibre, más denso. En otras palabras, estamos hechos de lo mismo. Somos Uno, una sola materia y un solo espíritu.

Nosotros somos como las estrellas del firmamento que no se percatan que son parte de un gran sistema solar. Tal como lo somos nosotros, esa estrella es parte del todo; no se puede eliminar, no se puede extirpar, sólo se puede transformar, convirtiéndose, al terminar su ciclo, en parte de otra estrella.

A veces en momentos de contemplación me pregunto cómo luciría el universo físicamente si pudiera verlo a distancia. ¿Cómo sería su forma? ¿Sería como un ser humano gigantesco? ¿Sería la verdadera imagen de Dios? o ¿acaso sería yo misma pero a Su imagen y semejanza?

Lo único de lo que estoy segura es que somos estrellas de la misma galaxia, hechos de la misma materia y unidos por el mismo pegamento que es el amor. Somos parte del mismo Ser y por lo tanto, somos Uno y parte de Dios.

SOMOS UN ALMA VIVIENDO UNA EXPERIENCIA TERRENAL

Cuando hablo del alma, me refiero al espíritu que lleva dentro de sí toda la experiencia colectiva del pasado, presente y futuro. Somos un alma viviendo una experiencia física. La tierra es la escuela, pero no es nuestro verdadero hogar. Para poder estar aquí, tuvimos que adquirir un traje temporal, hecho exactamente a la medida y con las características necesarias para poder sobrevivir en este medio ambiente severo: un cuerpo físico capaz de realizar movimiento, una mente capaz de crear y discernir, unas emociones capaces de sentir; somos una adaptación perfecta para enfrentarnos al mundo que nos tocó vivir.

De manera similar, si decidiéramos bajar al fondo del mar, tendríamos que utilizar un traje de buzo que nos ayudara a estar temporalmente en un medio ambiente extraño; cuando regresamos a la superficie, ya no necesitamos del traje de buzo y nos lo quitamos. Igual pasa con el cuerpo, que en este caso es nuestro «traje de buzo». El problema es que nos olvidamos, y nos identificamos demasiado con el atuendo temporal, de forma tal que al final pensamos que somos el traje y no la esencia.

¿CUÁL ES LA VERDADERA CAUSA DEL SUFRIMIENTO? LA ILUSIÓN QUE NOS SEPARA

Según *Un curso de milagros* en el universo sólo existe el amor, o sea, no existe nada fuera del amor y todo lo que vemos separado del amor es un espejismo, una percepción errónea fruto del ego, que no es otra cosa que el miedo personificado. El ego nos hace experimentar el miedo a perder la vivencia del amor, pero ésta es la gran mentira, pues no podemos perder lo que somos, nuestra esencia. La separación es sólo una ilusión. Entonces, lo opuesto al amor es el miedo y el peor enemigo del amor y cómplice de la ilusión es la mentira del ego que nos hace pensar que vivimos separados.

LA INTERCONEXIÓN, CLAVE DE LA NATURALEZA

La naturaleza es la mejor maestra de la unidad, para darnos a entender que somos uno y que todos debemos trabajar unidos y ayudarnos.

Estando en un bosque de Puerto Rico, un amigo me mostró el secreto de la fuerza de los árboles de Tabonuco, árboles tan fuertes y tan altos como catedrales, pero capaces de soportar el viento del huracán más fuerte. ¿Cuál es su secreto? En la superficie del bosque, los árboles parecían estar separados, pero mirándolos de cerca, bajo la tierra, todos los árboles estaban sujetos entre sí por sus raíces, que estaban interconectadas, como largos brazos de un pulpo gigante en una cadena de amor. Estos árboles son totalmente interdependientes, pues por medio de sus raíces-brazos comparten entre sí los nutrientes de la tierra y la fuerza, que los hace prácticamente invencibles. Me percaté incluso de un árbol caído, que todavía conservaba su fuerza y verdor gracias a que seguía conectado a los demás.

LA GRAN OBRA TEATRAL DE LA VIDA

Al colocarnos el disfraz de buzo, también escogemos el personaje y el papel que representaremos en la obra teatral de la vida. Por medio de esta ficción aprendemos nuestras respectivas lecciones, pues la obra consiste en una gran escuela que nos enseña por medio de dramas no reales, recreados y actuados en la vida «real». El problema surge cuando confundimos este mundo ficticio con lo verdadero, cuando confundimos el personaje con el actor y el drama con la realidad.

Según la filosofía hindú, el verdadero significado de la palabra Maya, entendido como ilusión, es nuestra confusión, al tomarnos la obra teatral de la vida como nuestra verdadera realidad, y al personaje, como la verdadera identidad. Sólo regresando a nuestra verdadera casa, donde ya no habrá ni disfraces ni máscaras, seremos UNO. En este mundo no podemos apegarnos ni identificarnos a cosas, ni a creencias, ni a situaciones; pues todas ellas son parte de un montaje, diseñado especialmente para nuestro aprendizaje, por esa gran inteligencia que es Dios.

Las personas a las que queremos, nuestro padre o nuestra madre, nuestros hijos, y hasta los que creemos nuestros enemigos son todos seres compuestos de luz, revestidos de un personaje para mostrarnos poderosas lecciones.

NO TODO «ES» LO QUE PARECE Y NO TODO LO QUE PARECE «ES»

El gran observador que es tu verdadero ser sólo debe percibir los acontecimientos de la vida de manera desprendida, tal como se ve una película en el cine, mirándolos desde un punto de vista neutral, sabiendo que no es lo real. El verdadero secreto de la paz interior consiste en observar los acontecimientos sin euforia, que es una alegría extrema, y sin desesperanza, que es la tristeza desmedida, y vivir en el centro de la balanza sin expectativa alguna y aceptando totalmente el presente. Sólo se puede confiar en que un orden dirige las cosas y que cada cosa que sucede ocurre gracias a ese plan perfecto. Es inútil precipitarse en sacar conclusiones, dado que la mayoría de las veces las primeras impresiones resultan erróneas.

¿BUENA SUERTE O MALA SUERTE? ¿QUIÉN SABE?

La historia del caballo perdido del anciano sabio

Existe una conocida historia taoísta sobre un sabio campesino que vivía con su único hijo en una aldea. Sólo poseían un viejo caballo que utilizaban para llevar la carga de la cosecha al mercado. Una noche, la aldea sufrió una fuerte tormenta. Al otro día el campesino se despertó con la sorpresa de que su caballo se había escapado.

Un vecino curioso se le acercó y con mucho pesar le dijo:

—¡Qué terrible que hayas perdido tu caballo!

Ante esa observación el sabio campesino contestó:

—¿Malo o bueno...? Sólo Dios sabe.

El vecino lo miró con incredulidad y siguió su camino rascándose la cabeza en señal de desconcierto.

Al día siguiente el sabio campesino se percató de que su caballo había regresado, pero esta vez, para su sorpresa, vio que había traído con él varios caballos salvajes. Nuevamente llegó el vecino curioso y le comentó con mucha alegría:

—¡Qué suerte tienes, mi amigo, ahora te harás rico vendiendo todos esos caballos!

Ante esta exclamación, el sabio campesino, para sorpresa del vecino, le respondió nuevamente:

—¿Bueno o malo...? ¿Quién sabe?

Al otro día, el hijo del campesino comenzó a domar los caballos, pero con tan mala suerte que uno de los caballos salvajes lo tiró de su lomo y el muchacho en su caída terminó rompiéndose una pierna.

Otra vez llegó el curioso vecino, y le dijo al campesino con mucho pesar:

—¡Qué pena, mi amigo, que le haya pasado esto a tu hijo!, ya que él es tu única ayuda, y encima, lo perderás todo, pues los caballos salvajes no te beneficiarán, sólo se comerán toda la comida sin producirte nada a cambio.

Ante lo cual el estoico y sabio campesino le miró y le respondió:

—¿Bueno o malo...? ¿Quién sabe?

El vecino, lo miró otra vez con incredulidad y, ofendido, se fue vociferando y sacando conclusiones que a su parecer él creía correctas ante tan absurda respuesta.

Al otro día, llegó la noticia que se había desatado una peligrosa guerra y que los delegados del rey estaban reclutando casa por casa a los más jóvenes, para enviarlos al frente de batalla. Habían reclutado a todos los jóvenes del pueblo, pero cuando llegaron a la casa del sabio campesino tuvieron que dejar al muchacho, pues gracias a su accidente no les servía para la guerra.

Todos en el pueblo estaban con la boca abierta, incluyendo el curioso vecino, sin embargo el sabio campesino se limitó a repetir lo que siempre decía:

—¿Bueno o malo...? Sólo Dios sabe.

Esta famosa historia taoísta refleja a la perfección que todo es relativo y lo que aparentemente se presenta como una desgracia puede ser una gran suerte, y viceversa.

Cuando algo o alguien llega a tu vida con un mensaje, sé neutral, porque el mensaje puede ser cierto o puede ser falso, puede ser positivo o momentáneamente negativo; sólo el paso del tiempo lo revelará.

EL SECRETO DE LA ILUMINACIÓN... Y LO QUE NO ERES

Puesto que nuestro verdadero yo está contaminado por todas las identidades, hábitos y creencias adquiridas con los años, en vez de aprender, deberíamos primero realizar el proceso contrario, borrar lo aprendido y *desprogramarnos* de lo que realmente no somos.

CAPÍTULO 3

¿ERES TU CUERPO?

No olvides que tu cuerpo es sólo el traje de buzo. Sin él tu alma no podría caminar por la tierra, es decir lo necesita y debe cuidarlo. El cuerpo necesita una buena dieta, el ejercicio adecuado, el descanso, el oxígeno y la energía. El cuerpo puede pedirte cosas: cafeína, alcohol, sexo, pero es muy importante saber que tú tienes el control de tu cuerpo, y no puedes permitir que él conduzca tu vida. Lo mismo ocurre con tus pensamientos y emociones, los cuales también son parte del traje de buzo y no deben controlarte.

Al identificarse con su cuerpo, muchas personas se obsesionan y llegan a extremos nocivos intentando lograr lo que creen es la perfección, que no es otra cosa que su creencia sobre la imagen que piensan aceptable para los demás. Sin darse cuenta de que su percepción de lo que es bello está regida muy probablemente por su cultura o la moda del momento. Tener el cuerpo de una modelo de Rubens o de una bailarina de Degas no es lo importante, sino saber que ambas son hermosas, y que la verdadera belleza emana del interior.

CAPÍTULO 4

NO ERES TUS CREENCIAS

¿Cómo llegaste a pensar de la manera que piensas? ¿A vestir como te vistes? ¿A estar en desacuerdo o no, con un partido político en particular? ¿Cuál es el origen de tus preferencias en las diferentes áreas de tu vida? ¿Por qué te atrae una persona en concreto mientras que otras te disgustan?

Desde pequeños, adaptamos y aceptamos como nuestras la forma de pensar que es prominente en nuestra sociedad, la de las personas de nuestro entorno, como nuestra familia, las escuelas donde estudiamos o las personas que admiramos. Eso no quiere decir necesariamente que ésta sea la forma correcta de ver la realidad, pues en verdad no existe una sola forma de ver el mundo: hay miles de ellas.

La mayoría de nosotros no vivimos de forma auténtica, pues inconscientemente escogemos aquello que nos asegure que seremos aceptados por nuestro entorno.

CAPÍTULO 5

NO ERES LO QUE HACES

Vivimos el transcurso de la vida en capítulos, en algunos somos hijos, en otros somos padres, solemos asumir la identidad de cada ciclo arbitrariamente, confundiendo nuestro verdadero ser con nuestro rol del ciclo y nos olvidamos de nuestro verdadero yo. Cuando adoptamos estas identidades, nos identificamos con ellas, pero realmente no somos ninguno de estos roles; simplemente somos el «gran observador inmutable», aquel que mira la película de su vida a través de los varios ciclos o capítulos en que está dividida. En conclusión, no eres lo que haces, ni eres lo que tienes y tampoco eres lo que piensas.

CASO CERRADO

Quizás la mayor lección que recibí sobre el final de las cosas, la aprendí un día en la residencia de ancianos donde vive mi madre. A raíz de su falta de memoria, cada momento que pasa es totalmente nuevo para ella y, en consecuencia, para mí también, pues olvida todas mis visitas anteriores, con sus buenos y malos momentos; toda una lección de presencia. Pero lo que más me sorprende de esta residencia es cómo las personas se aferran a su rol incluso cuando llegan a la vejez. Me impactó el caso de una señora de unos ochenta y cuatro años que había sido una temida e importante jueza que a lo largo de toda su vida se había tomado su poder tan en serio que seguía siendo la más temida en la residencia de ancianos. Siempre se sentaba sola y nunca perdía su mirada, muy severa. Tal como vivió y como fue su vida fue su muerte, en soledad: caso cerrado.

En ocasiones como ésta, es cuando me doy cuenta de que nada de lo que poseemos, ni de lo que acumulamos al final vale la pena, ni los reconocimientos, ni las propiedades, ni los honores tienen valor al final de la jornada.

La vida sólo tiene valor si dejamos un legado, una huella, si dejamos algo en el camino para que las generaciones por venir estén mejor, si trasmitimos amor y servicio. Si hicimos algo grande o pequeño por alguna persona que nunca lo olvidó, ésa es la verdadera trascendencia.

CAPÍTULO 6

NO ERES UNA ISLA

La mayoría de nuestros prejuicios surgen por las líneas invisibles que dividen y segregan nuestro planeta en las diferentes zonas geográficas, por la variedad de los dialectos, las culturas, las razas, las creencias y los colores. Todas estas divisiones nos hacen creer equivocadamente que el lugar donde nacemos dicta lo que es correcto respecto a los demás.

¿CUÁN TOLERANTE ERES?

¿Has pensado que existen miles de culturas, innumerables formas de pensar, de vestir, de vivir; que hay variedad de personas al otro lado del mundo, budistas, hindúes; seres de diferentes colores, facciones y costumbres? Un ejercicio útil es imaginarse en aeropuertos de distintos países observando a los viajeros en tránsito. Miles de personas caminando hacia sus respectivos destinos, vestidas de diferente manera y con rasgos muy dispares.

Te has preguntado qué piensas cuando ves a alguien diferente a ti. Si eres blanco, ¿qué piensas de un indígena o de una persona de color?

Si eres indígena o de color, ¿qué piensas de una persona blanca o europea? ¿Qué piensas de un oriental, o de un árabe? Si eres pobre, ¿qué piensas de un rico? Si eres rico, ¿qué piensas de un pobre?

Ten en cuenta que cualquier cosa que pienses sobre personas diferentes a ti, ya sea bueno o malo, es un juicio.

¿ERES UNA PERSONA VERDADERAMENTE «CULTA»?

En una conversación con un hombre que ocupaba un alto cargo en la sociedad, él hizo referencia a las personas cultas como seres superiores y civilizados educados en prestigiosas universidades y con muchos medios económicos. Mientras le oía hablar me vino esta imagen: de la misma forma que una persona civilizada se reiría de un indígena que no es capaz de encender una estufa eléctrica, así el indígena se reiría a carcajadas si viera que alguien «civilizado» es incapaz de encender una fogata. Probablemente el indio llamaría «inculta» a esa persona considerada como civilizada. Sin duda, la verdadera persona culta es aquella que tiene una mente abierta y es capaz de aprender con auténtica curiosidad e interés tanto de una persona de la realeza como de un indígena, pues ambos están dotados de cultura; de ese modo de vida específico perteneciente a su región.

«No puede existir una cultura que pretenda ser exclusiva».
MAHATMA GANDHI

En la vida práctica: No estás solo, reconociendo a Dios en cada persona

En tu día a día, puedes practicar un ejercicio útil y revelador. Por ejemplo, observa a un camarero que te sirve en un restaurante, pero míralo esta vez de una forma diferente, desde la unidad. Mírale a los ojos y descubre que él igual que tú está haciendo un viaje, con los mismos problemas, quizás con hijos, seguro con madre y padre. Míralo con simpatía y piensa: «Soy parte de Dios, Dios está en mí, también está en ti, somos iguales».

Las guerras, los conflictos, los abusos, las competencias vienen de no entender que si el otro no progresa tampoco lo harás tú. Si esto es cierto, entonces nunca estarás solo, pues Dios está en ti como está en todas las cosas. La tolerancia no es necesariamente estar de acuerdo o compartir la creencia del otro, pero sí es aceptar que el otro tiene derecho a su forma de pensar. El respeto se produce al estar dispuesto a escuchar sin juicio y mostrar un genuino interés en aprender sobre otra cultura y sus costumbres.

En realidad, en cierta manera muchos de nosotros hemos sido «domesticados» de diferentes formas, que nos llevan a pensar como los demás, que nos conducen a seguir ciertas instrucciones a ciegas. Aprendimos desde las aulas escolares a aceptar los conceptos de la autoridad de nuestros adultos sin cuestionarnos el porqué de las cosas.

¿CUÁL ES EL TAMAÑO DE TU «ENVASE» MENTAL?

La autora Muñeca Geigel una vez me contó una valiosa anécdota sobre su familia. Durante generaciones se pasaron una receta de lomo al horno que, entre sus instrucciones, especificaba que se cortaran dos pulgadas a lo largo del lomo antes de comenzar a aliñarlo. Sin cuestionarlo, y durante generaciones, la familia continuó esta práctica, ya que la receta exigía que no se cambiara ninguno de los pasos para garantizar su sabor.

Hasta que un día Muñeca, llena de curiosidad, decidió cuestionar la receta, y preguntarse por qué era necesario cortar dos pulgadas del lomo, dado que a su parecer no influía en el resultado final. Nadie parecía saber la respuesta, hasta que un buen día una tía abuela le explicó a Muñeca que en la época de su abuela el lomo no cabía en el plato de hornear habitual y, por esa razón, era necesario cortarle las dos pulgadas.

Esta historia nos muestra que hacemos muchas cosas por costumbre, sin darnos cuenta de que nuestro «envase», en este caso, nuestra mente sigue siendo del mismo tamaño de otras épocas, pues la mayor parte del tiempo no nos detenemos a preguntarnos por qué hacemos las cosas de la forma en que las hacemos. De otro modo, ¿cómo se hubieran producido el holocausto, la inquisición, la esclavitud, o los grandes crímenes religiosos y de toda índole, que nunca fueron cuestionados en su momento y que aún ocurren en diferentes partes del mundo? Todo ello sucede por no cuestionarnos, por el prejuicio, por la falta de tolerancia, o por seguir a ciegas a un falso líder o una causa.

Debemos aprender en el momento oportuno a alzar nuestras voces, a decir nuestras opiniones, a cuestionar, no con agresividad pero sí con asertividad y determinación. Muchas veces escondemos nuestras opiniones y nos callamos por no llevar la contraria, por ser aceptados, por miedo y por vergüenza. Otras veces no entramos en debate por egoísmo, por comodidad o por no ser rechazados, aceptando todo tipo de injusticias impensables.

SENTIDO COMÚN

El Dalai Lama, durante una conferencia a la que asistí en el Emory College de Atlanta demostró que hasta la tolerancia puede ser mal empleada si no se utiliza el sentido común. Uno de los participantes preguntó al Dalai Lama cómo se debería reaccionar para demostrar paz y tolerancia frente a una inminente agresión física. El Dalai Lama con su característica sonrisa contagiosa respondió: «En ese caso, el hecho de no defenderse no sería una cualidad de tolerancia, ni de paz; más bien sería un acto de estupidez».

Como es sabido por todos, el Dalai Lama es conocido por su determinación en la defensa de la no violencia, hecho que ha demostrado al mundo a través de su pacifismo frente a la invasión a su país, el Tíbet.

Debemos ser tolerantes, pero aquellos derechos humanos como la dignidad, la paz, la seguridad, el amor, la vida, la igualdad, la salud, un techo y el alimento, no son negociables. A veces nos sentimos inseguros de nuestros conocimientos, creemos que no somos importantes, que no podemos marcar una diferencia con nuestra actitud, sin embargo, muchos de los grandes cambios del planeta han sido iniciados por una sola persona. Piensa en Gandhi, Jesús, Buda, Abraham Lincoln, Mandela, Martin Luther King, o una sencilla mujer como Rosa Parks, quien cambió la historia al cuestionarse y arriesgarlo todo cuando decidió sentarse en la parte del autobús, que durante años estuvo reservada exclusivamente para los blancos, retando las costumbres racistas existentes. Bien lo dijo Margaret Mead: «Nunca dudes de que un pequeño grupo de ciudadanos pensantes y comprometidos pueden cambiar el mundo. De hecho, son los únicos que lo han logrado».

En la vida práctica: La tolerancia

Voy a compartir una práctica que utilizo a menudo, sobre todo cuando voy en un taxi en Nueva York. Al subir al taxi miro discretamente el apellido del conductor. Si su apellido termina en Singh, probablemente sea Sikh, y uno de sus maestros probablemente sea el gran gurú Nanak, un santo de la India. Si el conductor es musulmán, en ese caso, he llegado a compartir una de sus oraciones en inglés, y rápidamente he visto cómo su rostro se iluminaba al sentir que alguien no lo juzgaba y le mostraba cercanía. Te sentirías igual si alguien lo hiciera por ti en un país lejano.

Entonces la próxima vez que te cruces con alguien de otro país, o algún extranjero que vive en tu entorno, decide compartir un poco con él; ya sea el coreano o paquistaní que tiene un colmado en la esquina, o el chino, dueño de tu restaurante favorito. Cada uno de ellos es un ser humano como tú, y te asombrará saber lo idéntico que puede ser a ti, pues tiene los mismos miedos, los mismos problemas con sus hijos y las mismas preocupaciones e inseguridades. Ésta es la verdadera esencia de la lección universal: somos Uno.

CAPÍTULO 7

¿QUIÉN HABLA EN TU MENTE?

Tienes una mente y tienes pensamientos, pero no eres sólo tu mente, ni tu pensamiento, y tampoco eres el que habla en el pensamiento, ni lo que piensas, pero ese pensamiento tiene el poder de crear tu destino, en otras palabras, todo el tiempo estás creando, seas consciente o no. La mente crea su realidad exterior a través de aquel pensamiento que tiene como cierto, que se ensaya repetidamente dentro de ella, y que a su vez está cargado de una fuerte emoción.

Una mente armonizada con la conciencia de Dios es una mente sin límites, por medio de la cual puedes discernir, recibir información y crear cosas maravillosas. De la misma forma, es importante recordar que quien habla en tu cabeza no eres tú. No eres quien piensa, pero sí eres quien observa el pensamiento. La mente piensa, pero tu ser real, o sea tu espíritu, es en realidad el que observa. El alma es el ser auténtico, el testigo real, es la parte más cercana a Dios. Sin embargo, una mente sin control se convierte en «la loca de la casa» como le llama la autora Muñeca Geigel; una mente que nunca se cansa de opinar, juzgar y hacerte dudar. Igual que un «comentarista eterno», esta mente se comporta como un locutor de radio, siempre opinando sobre tu vida y la de los demás. Si la mente toma control de tu vida, las decisiones que ésta tome estarán basadas sólo en las experiencias del pasado, en protegernos del dolor, en el miedo y en la repetición; sus únicos puntos de referencia.

En muchas ocasiones, una mente confusa puede tratar de engañarte, al convertirse en un impostor, pues tu verdadero *ser interior*, tu ser de luz verdadero, vive a través del tiempo, nunca tiene juicios ni comentarios, solamente observa y siempre se encuentra en un estado de paz total.

Contrariamente a lo que se cree, no tienes todo el control sobre los pensamientos que te llegan. Tan sólo puedes «darte cuenta» y responder a ellos, sin reaccionar. Los pensamientos llegan sin invitación, pero sólo tú decides si quieres ser su anfitrión.

Hace tiempo escuché una analogía que comparaba los pensamientos a las palomas. Si te encuentras en un parque de palomas, ellas llegarán a ti sin que las invites y seguramente se posarán en tu hombro. Si las ignoras, y no las alimentas, se irán. En cambio, si las alimentas, no sólo se quedarán contigo, sino que llegarán muchas más. Igual sucede con los pensamientos: si alimentas los pensamientos negativos, te inundarán más pensamientos de igual o mayor intensidad. Por el contrario, si eliges ignorarlos, seguramente desaparecerán.

Observa por un momento cuál es tu punto de enfoque habitual, en otras palabras, a qué temas estás prestando atención, pues tu mente está entrenada para hacer unas distinciones propias, basadas en tus creencias e intereses individuales del momento. Por ejemplo, una mujer embarazada verá a otras mujeres embarazadas en todas partes, también verá bebés y todo lo que tenga que ver con el nacimiento y el parto; en cambio, un arquitecto observará y prestará atención a todos los detalles arquitectónicos de los edificios; de igual manera un estilista observará los cabellos, un diseñador mirará la ropa y así sucesivamente. Algunos se preocuparán por la carencia del dinero mientras que otros se concentrarán en producirlo; unos se dedicarán a la política, mientras que otros a la farándula, de esta manera, habrá quein tenga todas sus energías concentradas en la sexualidad o en los errores ajenos; mientras que otros tendrán tendencia a compararse siempre con los demás en su afán de resolver sus propias carencias.

Lo que piensas habitualmente te dará información sobre tus propias creencias, sobre lo que es importante para ti y también te facilitará un mapa para contemplar tus posibilidades en el futuro.

Pregúntate entonces, en qué fijas la mayor parte de tu atención y, una vez lo identifiques, proponte observar los pensamientos que estás generando, elige los que realmente te interesan y equilíbralos.

Algunas opciones para elegir un pensamiento podrían ser:

- ¿Estás constantemente observando las fallas ajenas y las propias, o estás observando las habilidades positivas?

- ¿Te llaman la atención las cosas materiales de otras personas, o te fijas en sus cualidades inmateriales?

- ¿Piensas con mucha frecuencia en catástrofes y problemas, o por el contrario, piensas en sus soluciones?

Saber contestar a estas preguntas te dará la medida exacta de tu pensamiento y te indicará en qué nivel de evolución se encuentra. No se trata de eliminar los pensamientos, sino de aprender a discernirlos.

Los científicos estiman que tenemos unos sesenta mil pensamientos por día y, peor aún, que estos pensamientos son en su mayoría habituales, repetitivos y negativos.

Si eres alguien que mantiene principalmente una actitud negativa, vas a atraer pensamientos igualmente negativos, asimismo, si eres positivo, atraerás pensamientos mayormente positivos. Aunque hasta las personas más positivas a veces reciben pensamientos débiles o negativos. Recuerda eres sólo tú quien decide si te entretienes con el pensamiento o lo dejas ir.

¿CUÁL ES LA SOLUCIÓN A UN PENSAMIENTO DAÑINO?

Dada Vaswani, maestro de la India, dice que un pensamiento negativo es como una llama de fuego en tu mano: cuanto más tiempo la dejes en contacto con tu piel más te quemará, y más daño te hará; en cambio, si te das cuenta rápidamente que la llama te está quemando, tienes la opción de retirar la mano a tiempo para que no te dañe. De esa misma manera, tienes la opción de observar el pensamiento, acompañarlo y no perderlo de vista hasta que salga de ti por la puerta de tu mente, simplemente dejándolo ir. Pues si te resistes a él, sólo conseguirás que se haga más fuerte. La única manera de contrarrestar el pensamiento negativo es aceptándolo sin pelear con él y luego observándolo desde la distancia neutralmente.

Todo lo que percibes por medio de tus sentidos también te informa sobre el avance de tus pensamientos y merece la pena ser observado; cada persona que conoces, cada acontecimiento que sucede en tu entorno, o que presencias o escuchas, no es una casualidad dado que tuvo lugar para tu aprendizaje.

«Los emisarios que tocan a tu puerta,
tú mismo los llamaste y no lo sabes».

AL-MUTAMAR-IBN AL FARSI
(poeta sufí de Córdoba)

CAPÍTULO 8

TAMPOCO ERES TU HISTORIA

Después de un evento traumático o de una pérdida, es normal tener sentimientos de tristeza que, sin duda, son parte del proceso de curación. La tristeza y el sufrimiento no son sinónimos. El sufrimiento se produce al no aceptar el desenlace de manera crónica; al dar una interpretación errónea al evento, junto a sentimientos de culpa y rencor. Es importante compartir tus sentimientos y tus emociones como parte saludable del proceso de superación, pero lo realmente importante es no acabar identificado con tu historia permanentemente. A menudo, escuchamos frases que fuerzan la identificación de las personas con su historia, como por ejemplo: «Allá va Doña María, a quien su esposo dejó por otra» o «aquí va el Sr. Pérez, viudo desde hace veinte años» o «Don Carlos cuya empresa quebró con la crisis». Estas descripciones vienen como consecuencia de contar y repetir la historia continuamente a los demás. Al identificarte con tu historia, sólo conseguirás repetirla y hacerla real en tu vida una y otra vez, aunque sea por medio del pensamiento.

ROMPIENDO UN CICLO NEGATIVO

Un ciclo negativo o una racha de mala suerte comienza con tus propios pensamientos negativos que se autoalimentan. Un solo pensamiento puede llevarte a las puertas del cielo, creando un mundo de belleza y felicidad, de la misma manera que un pensamiento negativo obsesivo y repetitivo puede llevarte a los abismos del infierno, creando una vida de amargura.

Ejercicio:

Eliminando la negatividad en 3 pasos

Como explicamos antes, la mayoría de los pensamientos son inconscientes, o sea, no sabes que los estás pensando, a menos que decidas tomarte un alto en el camino para observarlos.

Para saber si estás pensando algo negativo, simplemente presta atención al compás de tus emociones; si sientes miedo, dolor, resentimiento o frustración, o si sencillamente te sientes mal, esto apunta a un pensamiento negativo que provoca que tengas ese sentimiento, esa mala sensación en tu cuerpo.

✓ **Primer paso:** ***Darte cuenta***

Durante el día, explora mentalmente tu cuerpo y tu ser, y pregúntate cómo te sientes, qué sientes y dónde lo sientes. Por ejemplo, puedes decirte a ti mismo: «Siento ira o malestar y lo siento en mi estómago». Observa tu pensamiento e identifica qué es lo que te está diciendo tu fiel locutor, la mente. Puedes cambiar el pensamiento, escogiendo decir mentalmente o en voz alta una afirmación que sustituya al pensamiento negativo. Si piensas: «Debido a la crisis, mi negocio se va a pique», vas a sentir miedo y probablemente opresión en el pecho. Primero experimenta el miedo, luego recuerda que no le debes tener miedo al miedo. No lo resistas, simplemente obsérvalo. Pues no eres el que piensa, recuerda: eres el que escucha lo que piensas.

✓ Segundo paso: *La voluntad*

Suavemente sustituye el pensamiento y afirma en voz alta: «Soy naturalmente próspero y mis ingresos siempre aumentan». No anheles sentirte mejor inmediatamente, ten paciencia y simplemente deja las cosas fluir. Quédate firme en la voluntad de reemplazar el pensamiento negativo de precariedad por otro positivo de abundancia.

✓ Tercer paso: *La acción consciente*

Céntrate en el presente, en lo que tienes por delante; en hacer con agradecimiento y amor las pequeñas gestiones cotidianas, que al final son lo único que realmente cuenta. La acción consciente mata el pensamiento negativo de una vez. Acciones tan simples como planchar o fregar pueden convertirse en una verdadera meditación, al realizarla con dignidad y sentido.

La mayor parte del tiempo, no nos damos cuenta de lo mal que nos sentimos, a veces simplemente pensamos que nuestro estado de ánimo es normal, lo asumimos como habitual. A veces me detengo a mirar los rostros de las personas a mi alrededor y veo caras con el ceño fruncido, tristes o con miedo. Un pensamiento inadecuado es seguramente el causante, el cual puede provocar tanto malestar como un ataque verbal o una agresión.

Amarnos a nosotros mismos significa en primer lugar cuidar de nuestros pensamientos, vigilar nuestras palabras y observar nuestras acciones.

ENCONTRANDO TU EQUILIBRIO

Existen muchas técnicas positivistas que no contemplan los ritmos de los ciclos. Como consecuencia algunas personas esperan vivir en un éxtasis permanente, mantener un negocio que sólo tiene ganancias y llevar una vida llena de estímulo constante. Si no ocurre así, piensan que han fracasado pero no es cierto, la naturaleza no trabaja de esa manera. Aunque queramos forzarla con abonos especiales, una planta no puede estar llena de frutos eternamente, como tampoco se puede forzar florecer un capullo. Si así fuera, quizás no apreciaríamos su flor. Más bien, la felicidad viene de la aceptación constante de los cambios naturales y de tener paz, independientemente del tiempo y las estaciones pues, como ya vimos, todo es pasajero.

Los momentos afortunados también pasan, pero dejan espacio para otros momentos. Si te aferras sólo a los buenos momentos, vivirás atado a los triunfos de tu pasado y a «los tiempos felices», sin darte cuenta de que ya pasaron y de que el presente es la suma de todos esos momentos, tanto los positivos como los negativos. Tus momentos del presente son en realidad «los tiempos felices» del mañana. Independientemente de las circunstancias que estés pasando en un momento dado, ten la certeza de que también pasarán.

Un invierno no dura para siempre a menos que vivas en un glacial. Si vives congelado en tu pasado, sin flexibilidad y sin cambios, entonces vivirás un invierno constante.

En cambio, si somos como los árboles, que son tan fuertes y estables, tendremos ciclos en que todo parece desvanecerse. El frío provocará que se caigan las hojas, y en nuestras vidas las dificultades y los retos harán caer nuestras ataduras y nuestra coraza exterior. El árbol no sufre ni protesta por perder sus hojas, sabe en su interior que es necesario para su subsistencia soltar lo que ya no es útil para así recibir sus hojas nuevas. Igual debe ser para nosotros: es necesario dejar ir en su momento lo que ya no es útil, para dar espacio a nuevas bendiciones. No hay tiempos negativos y tampoco tiempos positivos, sólo existen tiempos que vienen y van, cobijados por la ley del ritmo.

Asimismo, en tu vida, procura siempre encontrar un equilibrio, sobre todo en tus emociones.

Felicidad:
Estado extraño y transitorio que sólo se experimenta cuando las cosas salen como tú quieres.

Frustración:
Estado común y persistente que sientes cuando no aceptas que las cosas no siempre salen como tú quieres.

Plenitud:
Estado natural y permanente que disfrutas cuando simplemente aceptas lo que es.

«La paz interior es la serenidad en medio de la tormenta;
es no tener que agitarse por nada exterior.
Significa vivir en la certeza de que más allá de los resultados,
Él siempre está a cargo. La paz interior sólo se consigue
en la conexión con la Divinidad.»

CAPÍTULO 9

TAMPOCO ERES TUS EMOCIONES

Toda emoción comienza con un pensamiento, las emociones que vivimos no son buenas ni malas, sólo son eso, emociones. No debemos identificarnos con las emociones que experimentamos en el momento, pues éstas son también transitorias, son parte de nuestro traje de buzo terrenal.

Las emociones son necesarias, pues por medio de ellas sentimos el camino. La emoción te dice dónde te encuentras en relación a tus pensamientos, que a su vez definen tus creencias. Las creencias son una conclusión tomada que está basada en un hecho pasado, algo que asumiste como cierto pero que necesariamente no lo es. La emoción es beneficiosa cuando te hace ver que existe un conflicto entre tu pensamiento y tu corazón sobre algún tema importante en tu vida. Muchas veces te lleva a la acción, otras te conduce hacia una reflexión oportuna.

Una emoción no siempre viene dada por una intuición, e incluso puede ser la causa de una mala elección: un mal negocio, llevarte a compromisos que no quieres asumir realmente, hacerte perder tu mejor amigo, o herirte a ti mismo. Por esta razón, no permitas que la emoción te domine. No tomes decisiones en medio de una fuerte emoción, sea positiva o negativa, a menos que sea una emergencia, o dependa de ella tu supervivencia inmediata. Es necesario que encuentres tu punto de equilibrio emocional para no vivir tus emociones descontroladamente.

Mi maestro un día me dijo que tuviera cuidado con mis palabras al sentir una fuerte emoción, dado que a veces su efecto es irreversible. Tal y como sucede con la pasta de dientes que expulsa un tubo, una vez fuera ya no puede regresar a su interior.

De la misma manera, debemos sentir y experimentar las emociones de forma saludable; sin juzgarlas, negarlas o evadirlas. Cualquier emoción necesita ser experimentada totalmente para llevarnos al llanto, la risa, o la ira, dado que la única forma de dejar ir una emoción es vivirla en su totalidad. Las emociones guardadas o escondidas en algún lugar de nuestro cuerpo pueden resultar muy peligrosas y estallar en los momentos más inesperados.

Por esta razón, es también importante que desde la infancia se enseñe a los niños a manifestar sus emociones saludablemente, dado que esconder la ira o el llanto a la larga tendrá consecuencias negativas.

¿Has observado alguna vez cómo un niño es capaz de procesar totalmente sus emociones? Tras vivir una intensa rabieta con gritos y pataleos, es capaz de soltar la emoción un momento después y volver a reírse como si nada hubiera pasado; por el contrario, los padres, como buenos adultos, nos quedamos afectados por nuestras «rabietas» durante horas. Este contraste nos muestra la habilidad natural del niño para procesar la emoción, sin resistirla o juzgarla, y luego dejarla ir, para entonces mirar con ojos frescos y sin rencor al nuevo presente.

Un pensamiento consistente y repetitivo, acompañado de una fuerte emoción, es la fórmula natural para crear un acontecimiento futuro.

La realidad es un conjunto de acciones que previamente fueron ensayadas en nuestro pensamiento

Por esta razón, tenemos que ser cuidadosos con esta delicada fórmula, no sea que estemos creando un futuro equivocado, emulando lo que no queremos, al ensayar algo que realmente no deseamos.

El comportamiento de tu cuerpo físico tiene la habilidad de alterar tus emociones y viceversa. El secreto consiste en estar despiertos y aplicar la ley para tu beneficio, eligiendo nuevos pensamientos y ensayando la alegría con una sonrisa, caminando erguido y con la frente alta. Actúa de esta manera y eventualmente tus emociones se ajustarán al ritmo de tu cuerpo.

LO QUE NO SE DEBE HACER BAJO UNA FUERTE EMOCIÓN

Cuando sientas una fuerte emoción, como por ejemplo un ataque de ira, imagina que estás intoxicado y por esta razón debes esperar a que se pase la intoxicación antes de volver a tu vida normal. Al pasar la fuerte emoción, como harías con una borrachera, puedes utilizar el intelecto para que coloque las cosas en perspectiva, pues una fuerte emoción puede quitar toda objetividad, impedirte ver las cosas tal como son y llevarte a actuar de manera errada.

Las emociones vienen y van, si las observas desprendidamente y las vives en su totalidad, éstas se desvanecen; de lo contrario controlan tu vida.

Lo importante es saber que la emoción es un mensajero que te avisa de que hay una incongruencia en tu vida, y que debes prestarle su debida atención para tomar la decisión más adecuada.

Tampoco se trata de limpiar emociones del pasado a cada momento. No es beneficioso abrir la basura constantemente, todo tiene su tiempo y su proceso; no te resignes a vivir la vida que te mereces hasta que resuelvas las emociones de tu pasado. Busca ayuda si la necesitas, si sientes que no puedes manejar tus pensamientos, tus emociones o tu cuerpo. Si estás reaccionando sin control o si tienes pensamientos de no desear seguir viviendo, busca ayuda profesional inmediata, pero simultáneamente debes buscar la raíz del problema, al tiempo que adquieres un verdadero compromiso para dejar ir el pasado.

Mirar el pasado constantemente sólo conseguirá contaminar tu presente. Para que una emoción negativa no regrese debes identificar y cambiar la creencia y el pensamiento que la creó o cambiar la acción que está en conflicto con dicha creencia: por ejemplo, si te sientes culpable y sufres por tener una relación con un hombre casado, para resolver la emoción, necesitas cambiar la acción. En este caso, no continuar viendo a esa persona porque esta acción está en conflicto con tu integridad y lo que tu alma sabe que es tu más alta expresión.

Tus creencias y pensamientos falsos son los que te mantienen en esa situación y te dicen en la cabeza que no vales lo suficiente como para merecerte una relación amorosa honesta, exclusiva y no compartida. Mientras sigas en la relación (la acción) te seguirá alertando la culpa (la emoción) de que no eres íntegra contigo misma (tu alma) y de nada te valdrá procesar la emoción mil veces, simplemente regresará hasta que resuelvas el conflicto. Por lo tanto, en este caso, la emoción es una alerta roja y al mismo tiempo una bendición.

La emoción es tu mejor aviso. Otro ejemplo sería tener la creencia de que no puedes vivir sola, entonces actuarías posesivamente hacia tu pareja (la acción), y sentirías miedo de perderla (la emoción). Si no resuelves la creencia, dándote cuenta de que tu felicidad no depende de otras personas, y que tampoco puedes controlar a las personas (nueva creencia) vas a continuar experimentando posesión y celos y sintiendo miedo eternamente, la perfecta fórmula del sufrimiento. Si decides cambiar tu creencia y decides bien, disfrutarás de cualquier relación libremente.

Si sientes miedo de perder tu dinero (la emoción), debes resolver la creencia (no hay suficiente, todo se acaba, no valgo, no puedo, hay crisis) con una nueva forma de ver las cosas (el mundo es abundante, yo valgo, tengo un propósito, Dios es mi abundancia), de lo contrario, todas tus acciones y elecciones estarán contaminadas de forma inconsciente por el miedo, que constantemente te definirá y será la que escoja por ti.

Por eso es tan importante mantener presentes tus sentimientos y emociones y ser consciente de la integridad de tus acciones en todo momento; algunas emociones proceden de creencias inconscientes, que no tienen fundamento aparente, pero otras sí lo tienen, lo importante es diferenciarlas y saber que siempre vienen a alertarte sobre una incongruencia interna.

DESVANECIENDO NUESTRAS SOMBRAS

Algunas escuelas de la filosofía oriental hablan de decenas de tendencias que padece el ser humano. Nacemos con talentos, pero también nacemos con predisposiciones a emociones negativas. Algunos las llaman las sombras que nos acompañan, yo llamo a estas predisposiciones personales «defectos de fábrica». No sabemos a ciencia cierta si vienen de algún pasado lejano o cercano, o simplemente son producto de una lección que vinimos a aprender. Puedes tener una o muchas tendencias a alguna emoción o pensamiento negativo. A veces llevamos estas sombras caminando a nuestro lado toda una vida. Sabes de lo que hablo, es esa disposición emocional a un pensamiento falso; ese botón que cuando se toca hace que se encienda un dolor y que reaccionemos sin control. Para algunos es la falta de amor propio, para otros es la inseguridad de nunca sentirse suficiente, para otros es la soledad aunque se viva acompañado; su común denominador es el miedo.

Estos pensamientos se disfrazan de sombras que nos hablan al oído constantemente. La clave está en hacernos responsables y no perderlas de vista, al tiempo que las ignoramos. Debes darte cuenta de que precisamente son sombras, que cuando las entregas a Dios y las miras a través de la luz de tu conexión con Él, ellas desaparecen. Cuando las reconoces, ya sabes que no son reales y aunque volvieran, al estar despierto, automáticamente haces que pierdan su control sobre ti. La luz del amor siempre disipa la sombra del miedo.

Existen muchas técnicas para trabajar con las emociones subconscientes del pasado como por ejemplo el Rebirthing.

Una técnica para procesar una emoción reciente es la descrita en el ejercicio que viene a continuación:

Ejercicio

Cómo procesar una emoción reciente

Para procesar una emoción experimentada recientemente, o que ocurre en el momento, es recomendable expresar mentalmente lo que vas sintiendo y pensando. En otras palabras, debes observar tu mente y lo que ella piensa, vivir las emociones con toda su fuerza y experimentar las sensaciones de tu cuerpo, por ejemplo: en el caso que tu pareja te haya sido infiel:

1. MENTE. No es lo mismo decir: «No soy suficientemente hermosa para él», que decir conscientemente y desde el punto de vista de quien observa un acontecimiento en sí mismo: «No soy ese pensamiento, sólo estoy experimentando por medio de mi mente el pensamiento pasajero: "No soy hermosa, no me considero atractiva como soy, ni para mi pareja ni para mí misma"»..

2. EMOCIÓN. No es lo mismo decir: «Estoy triste», que decir en conciencia y desde el punto de vista de quien observa un acontecimiento en sí mismo: «No soy esta tristeza, sólo experimento momentáneamente la sensación de la tristeza, por medio de las emociones».

3. CUERPO. No es lo mismo decir: «Estoy enferma», que decir conscientemente y desde el punto de vista de quien observa un acontecimiento en sí mismo: «No soy este dolor, solamente siento cómo mi cuerpo está experimentando la sensación del dolor».

Si te han traicionado, primero siente de pleno la emoción negativa sin detenerla, pero inmediatamente después imagínate rodeada de luz rosa, de amor y de paz, bendice la situación, acéptala y agradécela, pues sólo podrás sanarla aceptando que todo lo que ocurre en el universo es parte de un currículo celestial.

Invoca para que se haga la total Voluntad de Dios en tu situación. Permite que sea el plan divino el que te indique por medio de la intuición cómo sanar, por ejemplo por medio de un libro, una señal de la naturaleza, o un mensaje de una persona. Deja entonces que las cosas se desarrollen naturalmente, sin precipitarte y sin perturbarte, pues todo pasará y tendrá su razón de ser.

Para alcanzar la maestría sobre las emociones, el secreto reside en estar despierto, diferenciar lo verdadero de lo irreal, saber que las emociones son involuntarias y simplemente experimentarlas con conciencia, observando el mensaje que nos brindan.

La historia del yogui y el emperador

Cuenta una leyenda que el gran conquistador Alejandro Magno viajó a India con el objetivo de llevarse con él a Grecia a un sabio yogui. Una vez localizado uno, el emperador le dijo en tono autoritario:

—¡Ven conmigo a Grecia!

El yogui prosiguió con sus oraciones y no se inmutó lo más mínimo. Alejandro el Grande, viendo que el sacerdote no mostraba ningún interés, experimentó una ira incontrolable.

Era la primera vez que alguien se había atrevido a ignorar sus órdenes, a cuestionarlas y a rechazarlas. Desenfundando entonces su espada, amenazó de muerte al yogui.

—¿Sabe usted que puedo cortarle la cabeza por negarse a obedecerme? –y continuó indignado diciendo–: ¡Yo soy Alejandro Magno, el gran conquistador del mundo!

Calmadamente y con la misma actitud de sabiduría demostrada hasta el momento, el yogui contestó:

—Usted dice que es el conquistador del mundo, pero yo creo que usted sólo es un esclavo de mi esclavo.

—¿Cómo es eso? –le preguntó enfurecido Alejandro Magno, que se había quedado perplejo ante semejante respuesta. El yogui le contestó:

—Porque la ira es mi esclava y usted en este momento se ha convertido en un esclavo de mi esclava, o sea, en un esclavo de la ira.

Recuerda que todo lo que piensas, sientes y experimentas es pasajero, como un día de tinieblas en un valle también lo es. El valle puede experimentar niebla, lluvia y viento, pero no ES ninguna de esas inclemencias. Asimismo, tú experimentas llanto, ira y dolor, pero tampoco ERES ninguna de esas sensaciones. No te identifiques con las tinieblas, deja que salga el sol y pronto verás que, cuando pase el mal tiempo, el valle seguirá siendo valle y tú seguirás siendo tú.

DIFERENCIA ENTRE DOLOR Y SUFRIMIENTO

El sufrimiento surge cuando te resistes a aceptar lo que es. El dolor, sea físico o emocional, en sí, no es la causa del sufrimiento, pero resistirte al dolor y a una situación sí lo es. El sentimiento del sufrimiento también surge por el miedo a un desenlace específico no deseado y es producto de no aceptar, de no ceder, no perdonar, no dejar fluir y no permitir que las cosas se desarrollen naturalmente, queriendo controlarlas. Cuando estamos en el presente y en el ahora sin resistirlo, no sufrimos.

Cuando se pierde a un ser querido, es inevitable sentir tristeza y soledad durante un tiempo; pero permanecer en un estado de duelo eterno significa no aceptar que a tu pariente o amigo ya le tocó el tiempo de partir según el plan divino.

Todo es transitorio y todo pasa; la vergüenza, la tristeza, la alegría y la vida misma. La existencia inexorablemente sigue su curso y cualquier intento de manipulación y control resulta fútil.

LA FLEXIBILIDAD

La flexibilidad es la única respuesta válida frente a cualquier cambio. Ser flexible es observar una nueva situación y actuar de acuerdo a ella: ¿Tu vuelo no salió? ¿La casa que deseabas comprar ya se vendió? ¿Tu relación ya terminó? No culpes a nadie, no te resistas, no te arrepientas, sólo practica la aceptación con paciencia (¡no se trata de resignación!).

Acepta que las cosas no siempre salen como quieres; y todo al final resultará mejor.

El no ser flexible también es fruto de creencias que, por una razón u otra, no han sido revisadas durante mucho tiempo. Ante un cambio de vivencias, experiencias e ideas, simplemente, sigue fluyendo. El agua del río no se estanca frente a la roca, sólo la abraza, la sobrepasa, y continúa su rumbo hacia el mar.

Siempre existe un camino alternativo; cuando veas un desvío en la carretera: DETENTE, es un aviso, toma un respiro y relájate. Posiblemente la decisión de cambiar el rumbo sea la más idónea para ti, aunque ni tú mismo lo creas.

¿Qué es más flexible: un frágil bambú o un fuerte roble? Cuenta un proverbio chino que el frágil bambú es más resistente a los vientos huracanados (cuanto más viento, más se dobla), que un gran roble (cuya rigidez acaba con su vida), no por lo fuerte, sino por lo inflexible.

CÓMO VENCER EL SUFRIMIENTO

Observarte a ti mismo es un buen comienzo, pues tú también eres responsable de cualquier acontecimiento que ocurre en tu vida. No controlas los resultados, pero sí eres responsable, es decir tienes la habilidad de responder conscientemente a lo que es, y no a lo que debió ser. La clave es dejar ir el apego al desenlace de cualquier situación y entregarlo en las manos y la voluntad de Dios. El verdadero secreto de la liberación consiste en no desear lo que Dios no quiere para ti, tener preferencias en lugar de deseos y aceptar lo que es. El mismo Dalai Lama nos anima a no aferrarnos al pasado, a dejar de vivir continuamente repasando y exagerando lo sucedido, a dejar que el pasado se encargue de sí mismo. Nosotros sólo debemos encargarnos de vivir el presente, aunque tomemos todas las medidas necesarias para que nuestros errores no vuelvan a repetirse.

Vencer el sufrimiento significa no oponer resistencia a lo que sucede. La aceptación es el golpe mortal al ego.

«Señor, dame serenidad para aceptar las cosas
que no puedo cambiar, valor para cambiar las cosas que puedo
y sabiduría para poder diferenciarlas».

REINHOLD NIEBUHR

CAPÍTULO 10

LA PRESENCIA, ESENCIA DEL PRESENTE

Estar iluminado es estar presente, es estar consciente y no dormido, es saber quién eres y quién es el otro. La vida no es un ensayo, pero nos la pasamos ensayando en nuestras mentes ese día perfecto, que suponemos sólo se encuentra en el futuro, mientras nos perdemos lo único real, que es lo que sucede el día de hoy. Nos sentamos en la mesa de la vida, y en vez de disfrutar la comida servida, fantaseamos con las fotos del menú. El antídoto para este estado de inconsciencia, es vivir y disfrutar con todos los sentidos el aquí y el ahora, disfrutar plenamente el presente, no importa cuán extraordinario, cuán terrible o cuán aburrido pueda llegar a ser.

Lo que realmente importa es vivirlo, pero vivirlo tal como transcurre, sin tratar de cambiarlo, sin juzgarte, sin compararte, sin tratar de controlarlo con acciones premeditadas, ni vivir constantemente confabulando y anticipando lo peor.

Cuando estamos «dormidos» y no vivimos el presente es cuando el tiempo transcurre sin dejar una huella en tu conciencia. Es cuando vas del punto A al punto B, sin tener idea de cómo, ni por qué llegaste allí. Como cuando llega la noche y no recuerdas qué sucedió en el desayuno, porque leías las noticias con sus vientos de crisis, en vez de disfrutar del café y de las historias del colegio de tu hijo, quien trataba de llamar tu atención con sus cuentos interminables. Como el día en que cumpliste cuarenta años y de pronto te encontraste a esa edad, sin preguntarte hacia dónde te dirigías. Porque mientras los días pasaban, pensabas equivocadamente que todo era eterno y que tenías tiempo. Entonces te das cuenta demasiado tarde de que el niño que no escuchaste en el desayuno ya es un adolescente, y tu niño interior también creció, pero sin vivir conscientemente y sin completar sus sueños ni propósito.

En ese instante te preguntas: ¿cómo he llegado a este punto de mi vida?, ¿qué ha sucedido entretanto? En este momento confrontas el agravante de no poder dar vuelta al tiempo, pues estabas en el asiento trasero de tu vida, con el volante y las riendas en manos de una máquina, mientras el verdadero conductor, tú, estabas distraído y entretenido con ilusiones del pasado o del futuro.

Porque seguramente era el miedo el que te manejaba, haciendo que te preocuparas de cosas imaginarias que de todos modos nunca acontecieron. Pero muchos de tus sueños tampoco se realizaron, por las dudas y el miedo que te paralizaban.

Ésta es la experiencia de muchas personas. Por eso hoy debes hacer las paces contigo mismo, dejar ir lo que no pudo ser y comenzar a vivir lo que ya es. No dejes tu vida a la merced de un piloto automático; vuelve a tomar sus riendas, nunca es demasiado tarde para vivir el presente.

Podemos ser los arquitectos de nuestras vidas, hay un tiempo para soñar e imaginar, hay un tiempo para dibujar el plano, hay un tiempo para planificar y coordinar, hay un tiempo para construir y hay un tiempo para admirar lo ya creado, pero la vida es lo que transcurre mientras suceden todas estas cosas y el sueño se convierte en realidad.

Todo está bien, nada te falta. La insatisfacción es una invención del ego, cuyo único propósito es sacarte del presente y robarte la paz.

¿EN QUÉ CONSISTE ESTAR EN PRESENCIA?

Cuando nacemos, estamos en presencia de manera natural. Estar en presencia es no pensar, es lo que ocurre al nacer o a algunos cuando son ancianos, cuando nuestra energía ha mermado y, por obligación, ya dejamos de hacer y comenzamos a Ser. En la vejez se regresa a la presencia y se completa el ciclo. En su afán del día a día, lo que las personas normalmente consideran como su estado normal de conciencia es en realidad «un estado alterado de conciencia», ya que la preocupación, el afán y el estrés al que tanto estamos acostumbrados es, sin lugar a dudas, un estado de conciencia artificial. El estado natural al que debemos volver cuanto antes consiste en experimentar la *presencia* y gozar de la paz interior que conlleva. Pero, curiosamente, cuando experimentamos estos destellos de presencia, de paz y de luz tan fugaces, creemos de forma equivocada que hemos alcanzado un estado elevado extraño a nosotros, cuando la realidad es otra: este modo de conciencia donde reina la paz es nuestro estado normal, en el cual idealmente deberíamos vivir.

Para ver la presencia de otro, tú también debes estar en presencia, aceptándote tal cual eres, sin pretender ser algo o alguien diferente. La presencia también es la pre-esencia, tu verdadera esencia, la que estuvo antes, la que estará siempre. Una persona llena de esta presencia es en extremo carismática, sin ningún esfuerzo atrae a otros como si fuera un imán.

La naturaleza es la mejor maestra de la presencia, las flores y las frutas son lo que son, sin pretender o desear ser algo diferente, sin querer estar en otro lugar. El no estar presentes es una de las mayores causas de accidentes, de problemas de comunicación, de desacuerdos en las familias, de errores en el trabajo y de malos entendidos.

Al estar presente, tu cuerpo toma vida, tus ojos se llenan de luz, la presencia es energía. Cuando falta la presencia luces vacío, ausente, «no hay nadie en casa». Nuestro mundo parece estar lleno de personas «dormidas», robots o autómatas. Para estar presente debes practicar una respiración consciente, poder experimentar las sensaciones de tus extremidades y prestar toda tu atención a la persona o acción que está en tu presente, sin dejar de ser un observador de ti mismo.

En la vida práctica: Estar despierto

Varias veces durante el día, tómate un momento y respira profundamente. Suspira con un ahhhh... largo, dejando ir toda la tensión. Comienza por activar tus cinco sentidos. ¿A qué huele? ¿Qué ves? ¿Cómo se sienten tus manos? ¿Puedes sentir los dedos de tus pies? Esto es, así de simple, presencia 100 % garantizada.

La naturaleza es la mejor amiga para estar en el presente, y escuchar el sonido del mar, mirar los pájaros volar, sentir los olores de las flores y la tierra, en fin, darse cuenta de lo que nos rodea; ésa es la mejor forma de entrar en presencia.

Estar presente es estar en completo contacto con todo lo que nos rodea.

El tesoro más grande del mundo. Una adivinanza

Desde hoy puedes elegir disfrutar todos los momentos de tu existencia, no permitir que un segundo más se escape de tu vida. Puedes abrir los ojos y vivir este momento aparentemente ordinario e imperfecto, pero donde se encuentra escondido el más grande de los tesoros. Un tesoro insustituible, único, original, que es más valioso que todos los diamantes del planeta. Tan valioso como la vida misma, irremplazable, sin garantías, siempre sorpresivo, el cual no puedes reconocer porque es pequeñísimo, simple, rutinario, minúsculo... casi imperceptible.

No lo puedes comprar con todo el oro del mundo, y si lo perdieras, jamás lo podrías recuperar, porque cuando tratas de retenerlo... se desvanece. Es enemigo del tiempo, pero amigo de la eternidad. Es enemigo de los que están dormidos, pero amigo de los que están despiertos. A veces el tesoro viene disfrazado de cansancio, aburrimiento y hastío; otras se esconde entre el pasar de una mariposa, y entre la sonrisa de un niño, entre el sabor de un dulce de fresa y el amargo de una despedida, entre una brisa cálida, y una lluvia fría, entre los gemidos de un recién nacido, y los lamentos de un anciano; entre el eco de una carcajada y en la soledad de una simple lágrima.

Este tesoro es el más preciado de todos los regalos que tu Dios te ha dado, pero está escondido en un lugar insospechado... reposa como una paloma fugaz entre tus manos... se te escapa como el agua a través de los dedos... constantemente. Una vez se va, ya no regresa... y cuando se ha ido, ya no puede reponerse.

A veces se añora, a veces se olvida. Este tesoro es el más valioso de todas las posesiones del universo, sin embargo muy pocos lo reconocen y mucho menos lo aprecian en el momento que les llega.

Ese tesoro es: El Ahora.

CONCLUSIÓN

Si no soy mi cuerpo, ni mis pensamientos, ni la voz que habla en la cabeza, ni mis emociones, ni mis creencias, entonces... ¿Quién soy realmente?

Eres quien observa. Eres quien escucha. Un ser infinito sin tiempo ni edad. Al observar un pensamiento, tus ojos espirituales actúan como focos de luz difuminando la negatividad, tal como el sol hace con la bruma. Tus pensamientos atraen hacia ti, acontecimientos y situaciones negativas o positivas, según lo que has sembrado. Ahora tienes el potencial de plantar una nueva semilla de amor para tu futuro, que germinará gracias a tu voluntad e intención. Necesitas creer en esta posibilidad y tener la esperanza inquebrantable de una vida nueva. Si simplemente afirmas: «Estoy dispuesto», es suficiente para Dios, para que te haga ver las cosas de una manera diferente arrojando luz a tu vida.

«No estás sola, Dios siempre está contigo» y conmigo también.
DADA VASWANI, MAESTRO DE LA INDIA.

SEGUNDA PARTE

¿HACIA DÓNDE VOY?
LAS SIETE ÁREAS DE TU VIDA

Antes de saber a dónde vas, primero necesitas preguntarte dónde estás. En la vida, puedes tener la dirección exacta del lugar hacia donde deseas llegar, pero si no sabes dónde te encuentras en el camino, de poco te servirá tener el mapa más sofisticado del mundo.

En esta parte, examinaremos *tu portafolio personal*, porque está dividido en unas áreas de vida específicas: siete áreas de tu vida. El primer paso para cualquier cambio es ver y aceptar tu realidad presente, sea cual sea. Sólo así podrás crear una nueva visión y una nueva realidad con las herramientas que te da este libro. No debes hacer un gran esfuerzo, sólo leer tranquilamente. Vive tu presente y obsérvate. Es todo lo que debes hacer de momento.

TU PORTAFOLIO PERSONAL Y LA GRAN «PIZZA» DE TU VIDA

La idea del portafolio me llegó por casualidad un día que tuve una cita con un corredor de bolsa. Mientras estaba sentada en su despacho, me mostró una lámina audiovisual donde aparecía un círculo, dividido en varios triángulos de diferentes colores, como si fuera una gran pizza dividida en pedazos.

Mientras me recomendaba la mejor forma de invertir mis ingresos, para que éstos dieran mejores frutos y me explicaba cómo evaluar muy de cerca cada área, para que no hubiera riesgos, yo sólo podía pensar en cómo aplicar su teoría para evaluar las áreas de nuestras vidas y así saber si estamos invirtiendo en lo que de verdad vale la pena, en lo que realmente es importante para nosotros.

Es increíble la cantidad de tiempo que invertimos para tratar de hacer una buena compra, o para hacer una inversión económica y lo mucho que descuidamos nuestra vida personal.

Si no miramos de cerca las áreas de nuestro portafolio personal, si no invertimos en ellas y las evaluamos, estaremos corriendo el riesgo de caer en una bancarrota personal total.

El desequilibrio entre las diferentes áreas de nuestra vida puede causar auténticos estragos. Pues quizás, estás invirtiendo demasiado en tu carrera, mientras descuidas tus relaciones personales, o quizás estás demasiado centrado en tus finanzas y no le prestas suficiente atención a tu salud. Gracias al portafolio personal podrás observar cada área de tu vida y decidir qué cambios realizar para optimizar tus beneficios.

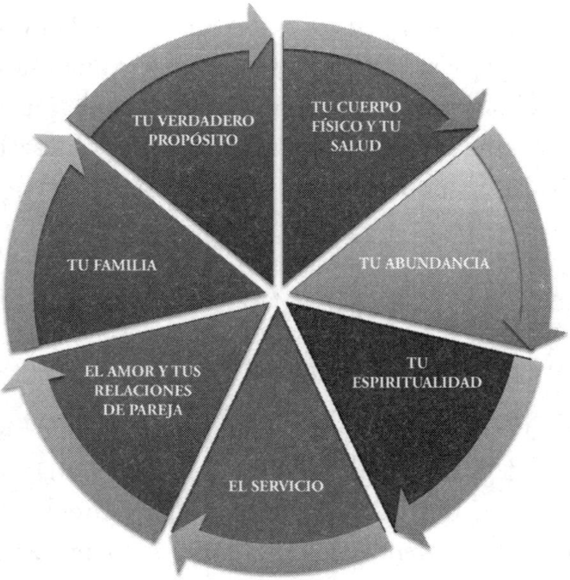

CAPÍTULO 11

TU CUERPO FÍSICO Y TU SALUD

El estado natural del cuerpo es la salud, la total armonía. Idealmente somos un canal limpio por donde pasa la energía inteligente de Dios, creando nuestro mundo; un transformador de luz que simplemente debe permitir que las energías fluyan. Cuando este transformador se deteriora, mediante pensamientos, emociones, actitudes, abusos o malos hábitos comienzan las interferencias que provocan un estancamiento energético que, a su vez, causa las enfermedades. Hay muchas razones por las que se manifiesta una enfermedad. No tenemos el cuadro completo del porqué, sólo podemos aceptarlo como parte de un plan perfecto, cuyo propósito final es reconducirnos a nuestro hogar original. Responder y aceptar lo que ya es, sin resignación, sin pena ni flagelación y sin culpar a Dios, es el primer paso.

TODOS TENEMOS UN DISEÑO PERFECTO

Dios tiene nuestro plan original en su memoria universal, un diseño perfecto ya establecido por Él. Cuando nos enfermamos, automáticamente ese plan transmite una instrucción divina de regenerarse a su estado natural, lo mismo pasa con toda la naturaleza y el universo.

Si nos hacemos una herida en un dedo, inmediatamente lo desinfectamos; simultáneamente percibimos cómo la inteligencia divina entra a trabajar la sanación, por medio del orden energético, regenerando así todos los tejidos. Este sistema de autorreparación y diagnóstico es también conocido como *curación espontánea*, como también le llama el Dr. Andrew Weil en su libro del mismo nombre. Pero si empezamos a albergar dudas sobre nuestra mejoría, o continuamos lastimando la herida, nunca sanaremos, o simplemente tardará el doble de tiempo en hacerlo.

CURAR NO ES SANAR

A menudo buscamos la forma de sanar nuestras enfermedades, a través de métodos que actúan sólo superficialmente. Con frecuencia, nos olvidamos que sanar es borrar la *causa*, es sanar el alma, mientras que curar consiste sólo en tratar el síntoma. La medicina y los tratamientos alivian el síntoma de forma temporal, pues la causa siempre viene de nosotros, de nuestro interior. Somos cuerpo, emociones, mente y espíritu, y la sanación se realiza cuando cuidamos todas estas áreas simultáneamente.

En otras palabras, tienes la capacidad de permitir que tu ser utilice la energía divina para sanarse totalmente. Esta energía salvadora trabaja con toda su fuerza cuando se invoca directamente junto a la conexión con Dios y se le pide sanación por medio de Su Voluntad; sólo así se obran milagros.

EL CUERPO SE ENFERMA CUANDO SE IGNORAN SUS ALARMAS

Si no repones gasolina cuando tu coche te avisa, en algún momento se parará y dejará de funcionar irremediablemente. Así funciona con tu cuerpo, si haces caso omiso de sus señales de alarma.

Para los seres humanos, las emociones son, en este caso los indicadores, la enfermedad no comienza en el cuerpo físico, sino en los cuerpos más sutiles de energía. Primero el cuerpo mental se altera disparando miles de pensamientos. Entonces, al detectar una incongruencia comienza como una especie de batalla entre mente, alma y corazón. La mente recibe la información que a su vez transmite al alma: «¡Aquí hay una incongruencia, prepárate!».

Una mujer víctima de abusos vive una incongruencia cuando su alma le dice internamente que actúe y se aleje de una situación intolerable, mientras que sus creencias le recuerdan que un matrimonio es para toda la vida y, a pesar de todo, debe cuidar de su marido.

Sus pensamientos crean una cadena que altera sus emociones, en este caso, emociones destructivas como la culpa, el sufrimiento, la pena y la ira que envenenan la parte del cuerpo que corresponde al lugar energético afectado.

Esto, a su vez, crea una debilidad en el mismo centro energético, provocando –cuando la emoción y el pensamiento no son atendidos– que se convierta en una emoción crónica que produce la enfermedad.

Ejercicio

Cómo armonizar tus centros de energía

La parte del cuerpo donde se manifiesta la enfermedad siempre refleja los pensamientos y las creencias erróneas que albergamos acerca de nosotros mismos, y a cuál de los siete centros energéticos (*Chakras*) le afecta.

Según la dolencia y su localización existe una afirmación específica para erradicarla.

Una potente declaración en positivo tiene el potencial de armonizar los puntos energéticos.

SECUENCIAS PRÁCTICAS

1.ª SECUENCIA

Problemas en el área del coxis: colon, órganos sexuales, próstata, espina dorsal baja, piernas. Este centro energético tiene que ver con tus raíces, tu vitalidad, tu seguridad, tu casa, tu supervivencia.

- *Síntomas:* Cuando este centro está afectado, pueden presentarse temores de escasez y miedo de no poder sustentarte. También se pueden presentar obsesiones sobre tu casa y hogar; baja autoestima, inseguridad, falta de confianza en ti mismo.
- *Visualización:* Imagina un precioso rubí de color rojo, dando vueltas en sentido de las agujas del reloj, sobre la base de tu espina dorsal.
- *Afirmación:* Dirás: «Estoy seguro, Dios es mi abundancia, tengo una fuente firme de ingreso». Imagina que su luz lo limpia todo.

2.ª SECUENCIA

Problemas en el área debajo del ombligo: intestino delgado, parte de la próstata, ovarios, útero, órganos reproductivos. Este centro energético tiene que ver con tu sexualidad, tu habilidad de expresar y procesar emociones, tu creatividad, la capacidad de resolver problemas de toda índole.

- *Síntomas:* Cuando este centro está afectado, pueden presentarse síntomas de adicción, comidas copiosas, necesidad de azúcar, intensos deseos sexuales o carencia total de deseo, ataduras emocionales, complejos; falta de creatividad, imposibilidad de expresar sentimientos, sensación de soledad, etc.
- *Visualización:* Imagina una luz anaranjada brillando precisamente debajo de tu ombligo, dando vueltas en el sentido de las agujas del reloj.

- *Afirmación:* Dirás: «Mi cuerpo está sano, soy hermoso y joven. Soy sexualmente atractivo, soy creativo. Puedo sentir y expresar mis emociones sanamente. Estoy libre de ataduras y apegos».

3.ª SECUENCIA

Problemas en el área del ombligo (plexo solar): hígado, estómago y sistema digestivo. Este centro energético tiene que ver con tu punto de poder, rige la paciencia y la habilidad de confiar en ti mismo y de estar en perfecta armonía.

- *Síntomas:* Cuando este centro está afectado, pueden presentarse síntomas de miedo, ira, angustia y ansiedad. También se pueden presentar problemas relacionados con el control, pesimismo, miedo a ser controlado o deseo de controlar; problemas con el sentido de autoridad, etc.
- *Visualización:* Imagina un sol brillante en el área del ombligo dando vueltas en el sentido de las agujas del reloj.
- *Afirmación:* Dirás: «Tomo control de mi vida y de mi situación de una forma responsable, tengo confianza en mí mismo, en otros y en Dios. Dejo que otros tomen sus propias decisiones, suelto y dejo ir».

4.ª SECUENCIA

Problemas en el área del corazón: sistema circulatorio, sistema respiratorio, pulmones, senos. Este centro energético rige el amor, también el incondicional, la armonía, las relaciones afectivas, las relaciones familiares, el amor a Dios.

- *Síntomas:* Cuando este centro está afectado, pueden presentarse celos, problemas de codependencia, inferioridad, ira, ataduras familiares, falta de perdón, problemas con empleados o dependientes, falta de amor propio, etc.
- *Visualización:* Imagina una piedra verde color esmeralda en el área del centro del pecho o corazón dando vueltas en el sentido de las agujas del reloj.

- *Afirmación:* Dirás: «Amo y acepto a los demás, me amo a mí misma, por lo tanto puedo amar al prójimo sin esperar nada a cambio. Mi corazón está limpio, por lo tanto puedo amar y ser amada».

5.ª SECUENCIA

Problemas en el área de la garganta: tiroides, dientes, laringe y caja de resonancia, garganta, lengua y quijada. Este centro energético rige la comunicación, la habilidad de expresar y escuchar, de dejar ir viejos patrones y también rige la alegría.

- *Síntomas:* Cuando este centro está afectado, pueden presentarse problemas de comunicación, de decisión, de dejar ir, de no escuchar, también puede producirse extrema tristeza por separaciones, incomprensión, miedo a hablar, misterio.
- *Visualización:* Imagina una piedra turquesa girando, dando vueltas en el sentido de las agujas del reloj en el área de la garganta.
- *Afirmación:* Dirás: «Puedo comunicarme sin herir a los demás, puedo decir la verdad en todo momento. Mi palabra es oro, tengo palabra en todo momento. Puedo pedir y expresar mis necesidades, también puedo escuchar a otros y comprenderlos. Puedo decir NO. Comprendo y soy comprendida. No hay malos entendidos».

6.ª SECUENCIA

Problemas en el área del entrecejo (tercer ojo): cerebro, sistema nervioso, ojos, nariz, glándula pineal, glándula pituitaria, problemas de visión. Este centro energético rige la habilidad de tener visión hacia el futuro, de ver lo que Dios planea para ti, también rige la imaginación.

- *Síntomas:* Cuando este centro está afectado pueden presentarse problemas de desenfoque mental, mala memoria, dolores de cabeza, alucinaciones, alteraciones de la vista;

de no tener visión del pasado, el presente o el futuro; de no querer ver una situación, de estar paralizado, además de problemas para discernir.

- *Visualización:* Imagina una llama del color índigo o azul oscuro, en el área del entrecejo.
- *Afirmación:* Dirás: «Dios me muestra una visión hermosa, veo más allá de las apariencias, no juzgo. Me veo a mí misma como un ser de luz».

7.ª SECUENCIA

Problemas en el área de la coronilla: sistema muscular, sistema óseo, piel. Este centro energético rige tu relación y conexión con Dios, y la religión; igualmente tu habilidad para recibir dirección de Dios, el desarrollo espiritual, la parte más alta de la mente.

- *Síntomas:* Cuando este centro está afectado, puede presentarse un estado de depresión, dolor de cabeza, senilidad súbita, psicosis. Sensación de estar alejado de Dios o no estar en comunión con su dirección y falta de fe.
- *Visualización:* Imagina un triángulo invertido desde tu coronilla hacia el cielo, como un cono de luz brillante color blanco, con destellos violeta claro, que te conecta con tu fuente divina que es Dios.
- *Afirmación:* Dirás: «Confío en Dios plenamente, vivo en comunión con mi Dios, tengo fe».

LECCIONES EN EL CAMINO DE LA SANACIÓN DEL ALMA

Otras veces, la enfermedad puede venir congénita o ya plasmada en el patrón genético, como sucede en el caso de un defecto físico. Pero aun así, esto es parte del contrato antes de nacer y existe un plan perfecto de sanación, tanto para el afectado, como para sus familiares. Una condición enfermiza en la familia no tiene que ser garantía de que será heredada por los descendientes. En cambio, una creencia equivocada, o un miedo irracional a desarrollar una enfermedad sí que puede crear unos síntomas. Las lecciones que un individuo viene a aprender no las conocemos conscientemente, pero sí en nuestro interior. En otras palabras: todo lo que sucede forma parte de un plan, de un programa preestablecido.

QUE TU ALIMENTO SEA TU MEDICINA Y TU MEDICINA SEA TU ALIMENTO

¿Qué pasaría si echáramos azúcar en el depósito de un Ferrari? Se estropearía inmediatamente. ¿Por qué entonces seguimos embutiendo nuestro cuerpo, que es mucho más sofisticado que un Ferrari, con alcohol, drogas, azúcar, sal, productos químicos y una gran cantidad de contaminantes? Los pensamientos negativos y las emociones que los acompañan, también son tóxicos. Por esta razón es sumamente importante alimentar nuestro cuerpo, mente, alma y espíritu con alimentos sanos y positivos.

CREER EN EL DIAGNÓSTICO PERO NO CREER EN EL PRONÓSTICO

Como bien lo divulga el Dr. Deepak Chopra tanto en sus conferencias como en sus obras, es necesario tener en cuenta que la medicina convencional necesita apoyarse e interactuar junto a otras dos grandes medicinas: la medicina espiritual y la medicina natural. La confluencia de las prácticas de estas medicinas permite relajar el cuerpo y la mente lo suficiente como para facilitar que la luz de Dios trabaje en nuestro interior, para asimismo erradicar la causa de la enfermedad.

NO LE DES PODER A LA ENFERMEDAD

Puedes sanar tu vida, o más bien puedes permitir que Dios la sane por ti, pero mientras tanto debes ayudar en el proceso.

Recuerda, no eres tu enfermedad, por esta razón es muy importante que no hagas descripciones sobre ti misma basadas en la enfermedad. Evita frases como «Soy adicta a...», «Soy sobreviviente de alguna enfermedad», «Soy depresiva», «Soy...».

No se trata de negar la enfermedad, pero tampoco es necesario alimentarla constantemente dado que es preciso enfocar la mente hacia la condición contraria a la que tienes, mientras haces lo posible para superar la misma.

Cuidado al decir «YO SOY», porque estás utilizando un arma poderosa, ya que por medio de estas palabras puedes definir, crear, y perpetuar una condición, ya sea negativa o positiva; no importa en la forma que las uses; estas palabras siempre funcionarán.

Por esta razón, es importante no convertir la historia de la enfermedad en un modo de vida, lo cual para algunos puede convertirse incluso, en un mecanismo para garantizar compañía, atención, o una simpatía desmedida.

Tampoco significa que debas resistirte a la ayuda, pues para otras personas la lección está precisamente en aprender a recibir, sentir la vulnerabilidad y dejarse ayudar, especialmente aquellas personas que en su vida han sido muy independientes.

Se trata de responder desde un punto de poder, observando las propias reacciones con objetividad.

Saber que, si bien no se tiene todo el control sobre las circunstancias, sí se puede elegir la forma de reaccionar ante éstas. Siempre puedes elegir el amor sobre el miedo. Si pones toda la atención en las soluciones y no en los problemas, muy pronto recobrarás tu salud.

Sin lugar a dudas la paz interior es aún más importante que la salud, dado que es lo que realmente te permite enfrentarte con optimismo a cualquier obstáculo o enfermedad.

VENCER EL MIEDO A LA MUERTE

Para vivir una vida plena y vencer el miedo a la muerte, es necesario reconciliarte con ella, al observarla como un proceso inminente, como una posibilidad natural, como el fin del ciclo material, pero no como el fin del ciclo del alma.

Al aceptar la muerte como algo inevitable, pero natural, le quitamos la fuerza y el control que ejerce sobre nosotros. Si nos liberamos de ese temor, por el contrario, viviremos totalmente cada momento presente con amor y reverencia a la vida; ésa es la única forma de vencer el miedo a vivir, pues la muerte en vida es en realidad la peor de las muertes. El que no está preparado para morir no está preparado para vivir plenamente. Siguiendo esta premisa, entonces vivir cada minuto con amor, sin que importen las condiciones externas, es en realidad la verdadera medicina universal para cualquier tipo de enfermedad, situación o problema.

Se trata de utilizar la misma técnica que utilizó Jesús para resucitar a Lázaro: primero creer, luego mirar al cielo, aceptar, dar gracias porque Dios ya te ha escuchado, e invocar el poder y la voluntad divina a fin de dejar a Dios el resultado, soltándolo, cualquiera que éste sea, pues ésa es, en realidad, la única manera de recibir un milagro.

«Tu paz interior y tu habilidad para permitir los milagros divinos van a crecer en la misma medida que te vas haciendo consciente de la presencia de Dios en ti, y en la misma proporción que crece tu presencia en Él».

PADRE BERNARD LIGORIA

En la vida práctica: Un modo simple de cuidar el cuerpo

El cuerpo es el templo del espíritu y como tal debemos cuidarlo a través de técnicas que lo beneficien y con buenos hábitos. La energía es nuestra cuenta corriente de vida, si no la utilizamos correctamente se nos acaba antes de tiempo. Nuestra energía es la carga para que el traje de buzo continúe animado y funcionando óptimamente.

Existen muchas técnicas para recargar la energía positiva, para protegerla y para, a su vez, descargar la energía negativa. A continuación enumero mis favoritas, todas muy simples y basadas en el sentido común:

Técnica para restablecer tus niveles de energía:

1. Dormir pronto, el mejor sueño y el real descanso se realiza de las 22 a las 4 de la madrugada.
2. Cerrar los ojos y realizar una pequeña siesta por la tarde, o cuando se necesite.
3. Bailar, el baile libera la energía negativa y aumenta la energía positiva.
4. Escuchar música clásica e inspiradora.
5. Respirar desde el diafragma, una respiración profunda que se inicia en el diafragma. Esta respiración muy distinta a la respiración de pecho, es, sin duda, la forma más natural y eficiente de respirar.
6. Automasajes o masajes.
7. Practicar diariamente el silencio y la meditación. Cuida tu pensamiento, tus emociones y tu espíritu y hazlo por medio de la repetición de oraciones sagradas para ti, que te llenarán de paz, calmarán tu mente y te mantendrán en un nivel energético estable, con el resultado de que tendrás una gran salud.

El sueño es el descanso del cuerpo, mientras que el silencio es el descanso de la mente.

8. Buscar el deporte o actividad corporal más afín a tu persona. El Yoga, el Tai Chi, el Chi Qung o Gigong pueden ser una opción, o simplemente practicar el caminar consciente en la naturaleza.
9. Abrazar un árbol o caminar descalzo por el césped, descarga tus energías negativas.
10. Beber agua. El agua marca la diferencia entre una pasa y una uva. ¡Imagínate cómo afecta a nuestra piel!

11. Tomar un baño en el mar, o con sales aromáticas, absorbe las toxinas. Igualmente un baño tibio de hierbas medicinales previamente hervidas limpia y da energía.

Nuestra sangre es 94 % agua, nuestro cerebro es un 85%, y nuestro cuerpo un 75 % del mismo líquido vital.

12. Exponerse al sol en los momentos de baja intensidad y no olvidar que la luz solar es, junto al oxígeno y los alimentos, una de las más importantes fuentes de energía. También es el mejor antídoto para la depresión.
13. Practicar una alimentación responsable. En la medida de tus posibilidades, come sólo proteínas y carbohidratos naturales sin procesar.

SOBRE EL VEGETARIANISMO

No hay duda de que el ser humano tiene capacidad de supervivencia en cualquier medio y con gran variedad de dietas, pero nuestro modo de vida moderno nos ha llevado lejos de lo que sería nuestra dieta natural y óptima: desde tomar leche de otra especie, hasta comer carne contaminada con productos químicos y hormonas. Gran parte de los problemas ecológicos y de la salud que experimentamos se deben a los desequilibrios que creamos por nuestro gran consumo de carnes. Lo ideal sería poco a poco tomar la rienda de lo que comemos y valorar también la posibilidad de utilizar suplementos, consultando al médico, ya que la mayoría de alimentos procesados carece de minerales, y sobre todo de magnesio.

Si comes carne, hay formas de asegurarse de que esté certificada como orgánica; que los animales se críen libres y si son ganado, que se hayan alimentado pastando, no comiendo cereales llenos de hormonas y aceleradores de crecimiento, los cuales terminan en nuestro sistema alterando nuestro cuerpo, especialmente el de los niños. Estas recomendaciones van acordes también con los productos lácteos.

A medida que vamos evolucionando como especie, nuestra forma de comer también irá cambiando hacia una forma más sutil y compasiva de nutrición. Por lo tanto, pienso que el vegetarianismo eventualmente será nuestra forma ideal de alimentación en tiempos venideros. Tampoco debes forzarte a ser vegetariano si no estás preparado para ello, ni hacer un cambio brusco de alimentación, ya que esta actitud sólo conseguirá que vuelvas a tu dieta anterior por pura desesperación. Puedes hacer los cambios paso a paso, si así lo deseas y estás preparado para ello.

En mi caso, la mayor parte del tiempo soy vegetariana, pero algunas veces como aves y pescado, y si estoy invitada en un país, como por ejemplo Colombia, donde me sirven un plato de bandeja paisa con carne roja o de mucha de su comida autóctona que la contiene no sería capaz de negarme. Por esa razón, me considero más bien «flexitariana» que sería una combinación entre vegetariana y flexible a la hora de comer.

Existen personas que cuidan mucho lo que comen, pero aun así siguen enfermas, pues sus pensamientos están llenos de toxinas, peores que cualquier aditivo artificial, insecticida o veneno.

«No es lo que entra por la boca lo que contamina
al hombre, sino lo que sale de ella».
JESÚS

Independientemente de lo que tengas en tu plato, sea un suculento banquete o una simple migaja, dale las gracias a Dios por ello y bendice tu comida. Al bendecir tu comida, le agregas el mejor condimento.

ENTORNO FÍSICO

Si bien el cuerpo es el templo del alma, asimismo tu casa es el templo de tu cuerpo, entonces, observa con atención el hogar donde vives. ¿Qué ves? Cuentas sin pagar, animales sin atención, coche sin limpiar o con desperfectos, plantas sin regar, falta de mantenimiento, puertas y ventanas que no funcionan, bombillas fundidas... todo esto es una clara muestra de desorden o de algo que no funciona en tu vida. El caos del ambiente que te rodea igualmente puede mostrar desorden de ideas, falta de disciplina, o imposibilidad de tomar decisiones o de dejar ir.

Toma un tiempo para analizar el entorno en que vives y actúa para tener más orden en tu vida. Busca un lugar para cada cosa, arregla lo que esté estropeado, contesta los mensajes pendientes, paga las facturas atrasadas, poda las plantas, cambia las baterías, renueva tus cosméticos, recicla todos los envases de loción casi vacíos, deshazte de los medicamentos y alimentos caducados, lleva a arreglar los zapatos...y si no tienes tiempo: ¡Delega! Pon orden en tu hogar y en el lugar donde trabajas, esta organización automáticamente ayudará a que tu casa mental también se despeje.

LA AGLOMERACIÓN

Guardar pertenencias que ya no necesitas quita a otros la oportunidad de disfrutar de lo que para ti ya no tiene uso. El universo recicla las cosas, no las guarda ni las desperdicia. No desprenderte de algo que ya no necesitas va en contra de las leyes del universo, es como robar. Al guardar cosas que ya no usas, creas obstáculos al flujo de energía, enviándole al universo un mensaje de miedo a perder las cosas, que contribuye a crear un ambiente estéril y cargado a tu alrededor. Hay personas que lo guardan todo, hasta la ropa de su juventud, sólo por un sentimiento de culpa «por los que no tienen» o con el pretexto de «porque alguna vez no tuve».

También la costumbre de guardar obsesivamente ciertas cosas puede estar ocultando un mensaje importante para ti, como esos antiguos libros de cocina, que albergan tu sueño de ser chef.

Pero las cosas guardadas que albergan sueños no cumplidos no te proyectan hacia el futuro y tampoco te dejan saborear el presente. A veces es necesario cambiar los sueños, renovarlos, de la misma forma que cambiamos nosotros, pero siempre procurando evolucionar observando nuestro interior. Los recuerdos atrapados en las cosas que guardamos muchas veces nos privan de la oportunidad de desarrollar nuevos proyectos, de respirar aire nuevo.

Libérate, desempolva, regala, recicla, deja ir el mal olor que conservan las cosas viejas, el olor a anticuario, haz un inventario de lo que sirve o no sirve en tu vida, hasta que hayas pasado tus manos y tu energía renovada sobre todas tus pertenencias. Si logras dejar ir lo que no te sirve, como consecuencia, verás que igualmente dejarás ir personas, ideas y creencias que te han mantenido aferrado al pasado.

Limpia, elimina, organiza, simplifica y reconduce constantemente tu vida física. Solamente de esta manera crearás un nuevo espacio para llenarlo con una nueva vida.

EL MEDIO AMBIENTE

El planeta es también tu entorno físico, por esta razón si realmente quieres renovar tu vida te recomiendo incluir en tus hábitos actuales unos cambios sencillos, en pos de proteger el medio ambiente para las futuras generaciones. El actual movimiento ecológico o Verde es, sin duda, parte del despertar del nuevo ciclo. Puedes comenzar desde tu hogar, en las pequeñas tareas cotidianas gastando el agua y la electricidad de forma más moderada, reciclando los envases de los productos que utilizas, evitando los aerosoles que dañan la capa de ozono o comprando productos de limpieza ecológicos.

Sin duda, el sentido común y un poco más de información te llevarán a tomar decisiones diferentes en cuanto a tus productos de consumo. Mientras te educas en el respeto del medio ambiente, sería ideal que iniciaras también a tus hijos en estas nuevas prácticas. En mi caso, ya he encontrado una alternativa para casi todos los productos que utilizo y, poco a poco, los he ido sustituyendo por otros.

CAPÍTULO 12

TU ABUNDANCIA

LA «CUENTA CORRIENTE» DE LA NATURALEZA

El estado normal de la naturaleza es la abundancia, existe una cantidad ilimitada de átomos, minerales y materia prima para crear. El universo en su perpetuo movimiento no acapara, posee, guarda o esconde sus recursos naturales. Tampoco los desperdicia o los utiliza como trofeo de ostentación, sino que los usa, los transforma, los reutiliza y regala libremente a todos para el bien común. En otras palabras, la naturaleza realiza un perpetuo movimiento armonioso, bajo la sabia guía de Dios. De la misma forma, nuestro estado natural es la abundancia y una de sus cualidades principales es que fluye libremente.

Lamentablemente, en muchas ocasiones, las personas dan la espalda a la naturaleza y actúan en oposición a sus leyes, robando, acaparando y ostentando continuamente.

Todo este derroche de energía se debe a un miedo atávico a perder lo que creemos que nos pertenece: posesiones y privilegios. No nos damos cuenta de que estamos estancando el flujo natural de las cosas, quitando a otros su oportunidad para disfrutar de lo que nos pertenece a todos y creando un gran desequilibrio entre los recursos disponibles.

Cuando tenemos miedo, la energía no fluye y se estanca. No es casualidad que se le llame cuenta corriente a la cuenta bancaria, pues ésta se encuentra constantemente en movimiento. Asimismo en inglés se le llama *currency* a las monedas, utilizando la analogía con la corriente. El estado de abundancia de una persona no se mide por sus pertenencias ni por la cantidad de dinero depositada en sus cuentas bancarias. La lección bíblica «por sus frutos los conoceréis» no se refiere a los resultados bancarios sino a la abundancia espiritual.

La persona verdaderamente abundante no es la que más tiene, sino la que más disfruta de lo que tiene. Conozco a personas adineradas que, en realidad, son muy pobres espiritualmente y también conozco pobres que son ricos y abundantes en su forma de sentir y actuar. El éxito material es efímero, mas la abundancia es permanente. Un estado de abundancia es el resultado de nuestra actitud ante aquello que abunda, que se desborda. Es la paz y la certeza de recibir de una fuente que nunca se acaba, es sentir que se tiene lo necesario. Esa certeza sólo se consigue cuando confías en que Dios es tu verdadera fuente.

Recuerda que seguir el plan divino te trae sólo los mejores beneficios, además de un seguro universal, con la mejor cobertura de salud, protección y abundancia, tanto para ti como para tus seres queridos.

¿QUÉ O QUIÉN DETERMINA LO QUE PIENSAS SOBRE EL DINERO?

¿Conoces cuál es tu creencia sobre la cantidad y capacidad para recibir la abundancia que crees merecer? Tu creencia proviene, sin duda, de las lecciones aprendidas en el pasado. Tus padres, tu entorno social y físico a lo largo de los años han contribuido a forjar tus mitos mentales; lecciones inconscientes que se cristalizaron en una creencia que rige nuestro comportamiento como un director, afectando silenciosamente nuestras decisiones diarias.

Por ejemplo, una persona que de niño, tuvo que sufrir la experiencia de ver cómo sus padres lo perdían todo, pasando hambre y necesidades, es posible que cuando se convierta en adulto se le manifieste un miedo interno que provoque acciones incoherentes con una vida abundante, como sería un hábito desmedido por guardar cosas inservibles, o ahorrar constante e impulsivamente a la hora de ir al mercado.

DESAIRES DE PRIMERA CLASE

> Un día abordaba un vuelo cuando un inocente niño muy gracioso de apenas unos siete años, se sentó muy cómodo y sonriente en el área de primera clase. De repente, su madre lo sacó tirándolo por el brazo de manera brusca, sacándole de su ensueño mientras le gritaba: «Mira niño, ¿quién te dijo que podías sentarte en primera clase? ¡Jamás!, así que deja de soñar con imposibles». Inmediatamente la sonrisa de aquel niño quedó tronchada y sus sueños también, mientras se marchaba mirando con ojos tristes el asiento, como diciendo, «qué dichosos aquellos que pueden sentarse en esos asientos tan grandes y tan cómodos».

Posiblemente este acontecimiento formó una creencia falsa en el inocente niño que le dirá que él nunca será lo suficientemente importante para sentarse donde se sientan los de primera clase, y así irá por la vida pensando erróneamente que no existe esa posibilidad para él. Aunque también puede ocurrir todo lo contrario, que nuestro pequeño héroe decida hacer todo lo posible para sentarse en los cómodos asientos, mostrándole a su progenitora su terrible error.

¿Cuántas veces como maestro, como padre o como amigo, y con toda nuestra buena intención hemos obrado de la misma forma, tronchando ignorantemente, por medio de un comentario negativo, los sueños de otros? Tu actual abundancia es un estado de conciencia irrefutable generado por tus creencias presentes.

MITOS Y REALIDADES SOBRE EL DINERO

PRIMER MITO: LA FALSA HUMILDAD

La falsa creencia de que el éxito económico determina tu grado de humildad es causante de unas de las ideas más devastadoras para la prosperidad: «No me interesa el dinero». El dinero no debe ser tu ídolo, ni tu principal motivación en la vida, pero tampoco debe obviarse, pues es parte fundamental de nuestro sistema de intercambio. Humildad y pobreza no son sinónimos. La verdadera humildad es saber que todos somos uno y que somos iguales frente a Dios, que tarde o temprano dejaremos este plano. Esta humildad surge cuando entendemos que en la vida, lo único eterno es la propia falta de permanencia de las cosas, que todo se termina y cambia. Somos simples capataces cuidando de modo temporal propiedades y pertenencias imaginarias. Posesiones que sólo estarán en nuestras manos por corto tiempo, porque no importa lo que tengas o quién seas, en menos de 100 años, alguien diferente a ti estará disfrutando de aquello que hoy piensas que nunca se acabará. Eso, en el caso que tu antigua pertenencia todavía exista.

La verdadera humildad es el antídoto del ego, es escuchar y no buscar cada oportunidad para hablar sobre nosotros y nuestras grandes cualidades, o por lo que tenemos o no tenemos. Es interesarse por la vida del otro. Es hacer el bien, sin pregonarlo. Es no llamar la atención por medio de lo que tenemos, ni de lo que hacemos, sino que nos reconozcan por nuestra luz y por quienes somos en nuestro interior. Es tener paciencia y no querer ser el primero en la fila, ni exigir un trato diferente, apelando a quienes somos o a lo que hacemos, sino esperar y observar tranquilos, pues el verdaderamente poderoso se reconoce por su templanza, ya que sabe que las cosas llegan por un orden, por una acción consciente y llena de amor, sin esfuerzo desmedido y a su tiempo exacto.

Sin embargo, el orgullo disfrazado detiene el flujo de energía cuando impide que recibas de los demás. Cuando no te deja ver dónde estás realmente y cuando no te permite pedir o aceptar ayuda. Otra vez la falsa humildad dice: «¡No! Gracias… no necesito ayuda». Cuando alguien nos ofrece un regalo, una ayuda, una información, una sonrisa o un vaso de agua y lo negamos por pena o por orgullo, estamos quitando a ese ser la oportunidad de dar y a nosotros mismos la oportunidad de recibir un obsequio. Cuando alguien viene a darte un regalo, es realmente Dios quien te lo brinda.

Segundo mito: Si gano, alguien pierde

Sentirse culpable de prosperar junto al miedo al éxito, es un freno a la abundancia. Cuando te niegas a vivir la máxima expresión posible de tu ser, tan sólo privas a otros de la oportunidad de recibir tus dones e inspiración. Esta creencia se identifica por la culpa. Tu éxito, siempre y cuando sea adquirido de forma íntegra, no quita a otros su pan, por el contrario, puede inspirarlos y ayudarlos.

Tercer mito: No hay suficiente

Esta creencia se basa en el miedo a perder el dinero, ignorando que este mundo fue creado en perfecto equilibrio y los recursos son suficientes para todos. El miedo a perder el control sobre esos recursos es lo que precisamente ha llevado a la avaricia y a crear desequilibrios. El miedo crea el apego desmedido al dinero y te lleva a perderlo. Y aun si la pérdida de éste no fuera física, dejarías de disfrutarlo. El apego al dinero es el miedo a perder la seguridad y es responsable de todo tipo de abusos y malas elecciones. El dinero y la abundancia vienen de Dios. Entrega tus dones sólo a Él y siempre tendrás lo necesario.

Cuarto mito: Los ricos son malos

La creencia que el dinero es el causante de todo mal en muchas ocasiones determina la falta del mismo. El dinero no es el causante del mal, pero nuestro apego y el miedo a perderlo sí lo es. La abundancia y el dinero no convierten a las personas en deshonestas. Aunque sí pueden potencializar una cualidad negativa preexistente.

Hay demasiadas películas que retratan a los ricos como malos y a los pobres como buenos. Por suerte, son sólo estereotipos y no una norma. Una vez le pregunté a mi maestro si la abundancia era realmente tan negativa como la gente decía y si un rico podría ganarse el cielo. Él sonrió y me dijo: «No te preocupes, el dinero y la abundancia no te harán daño en el camino espiritual, siempre y cuando seas tú quien tenga la gestión sobre el dinero y no al contrario». Administra tu dinero sabiamente y nunca dejes que el dinero o el poder te controlen.

LA HISTORIA DEL CAMELLO Y EL OJO DE LA AGUJA

«Más fácil entra un camello por el ojo de una aguja, que un rico en el reino de los cielos», decía Jesús, pero la pregunta es, ¿qué significa esto realmente? Existen varias interpretaciones de esta lección. Una muestra que el ojo de la aguja era un portón a la entrada de la ciudad y que para que el camello pasara por él tenía primero que despojarse de sus cargas. La otra afirma que la palabra «camello» en arameo, la lengua original de los escritos bíblicos, también significaba 'soga'.

En ambas interpretaciones queda claro que nadie que coloque sus riquezas antes que a su Dios encontrará la felicidad y entrará en el Reino de los cielos. ¿Pero cómo se entregan las riquezas a Dios?

PAXSON, UNA HISTORIA DE LA VIDA REAL

En su libro *A través del ojo de la aguja* Bud Paxson, el fundador de la cadena de compras de Cable TV, una de las más grandes en EE.UU., The Home Shopping Network, nos cuenta su experiencia.

Los negocios eran todo para Bud, pero pronto descubrió que el precio que pagaba para incrementar su riqueza era demasiado elevado. Una bonita noche de Navidad, en la que aparentemente reinaba una gran armonía, su esposa lo sorprendió con estas palabras: «Te voy a dejar, me voy de tu vida». Su esposa le dejaba por otro hombre.

La decisión de su esposa sumergió a Bud en una oscura noche del alma. Mientras se alojaba en la suite más lujosa de un famoso hotel de Las Vegas, tuvo claro entre lágrimas que de nada le servía tener tanto dinero si no podía contar con el cariño y la presencia de sus seres queridos. Aunque era multimillonario, estaba en una bancarrota espiritual. Esa misma noche buscó desesperadamente una Biblia en la mesa del hotel, y se quedó dormido leyendo las Escrituras. Al día siguiente, se sentía diferente, como si hubiese ocurrido un milagro. Bud, esa noche sin saberlo, había entregado su voluntad a Dios, y acto seguido habían empezado a obrarse milagros.

Tras esta experiencia, Bud vendió sus acciones en la Cadena de TV de compras y reconstruyó su vida al lado de una nueva compañera. Bud desde entonces dedicó todos sus talentos a Dios, fundó la cadena familiar PAX TV y, entre otros negocios, creó la importante cadena sin fines de lucro Christian Network, que llegó a 63 millones de americanos durante más de 18 años. Bud Paxson concluyó que siempre y cuando entregues todos tus talentos a Dios, junto a Su causa, Él te recompensará. No importa cuál sea tu religión, cuando obras con decisión, haciendo con amor lo que debes, lo que disfrutas, lo que haces naturalmente, o lo que tu talento te facilita y lo que te toca hacer según el plan colectivo de Dios para tu vida, indudablemente recibes la recompensa adecuada: tu abundancia.

¿POR QUÉ SE PIERDE EL DINERO? Y ¿POR QUÉ EXISTE LA CRISIS ACTUAL?

Hay dos formas de perder el dinero: una es perderlo después de tenerlo físicamente (quiebra, bancarrota); otra es tenerlo y no disfrutarlo (insatisfacción permanente). Hay varios motivos por los que pueden perderse grandes fortunas, algunas se pierden por el miedo y la avaricia, otras por la falta de valor propio e integridad, algunas por falta de humildad, otras por estar distraídos, y la más común, cuando hay un desequilibrio entre lo que se da y lo que se recibe, o sea, cuando falta la virtud del servicio y cuando no se da equitativamente.

Otra razón por la cual se pierde el dinero, las fortunas y los ingresos es por no estar en propósito, por no ocupar el puesto que debes en el plan divino. Recuerda que la naturaleza no desperdicia, más bien aprovecha sus recursos. Si estás en un lugar desperdiciando tu talento, donde tus dones no están siendo aprovechados al máximo, o están siendo utilizados para un fin que no va con el bien común de la humanidad, es muy probable que seas movido forzosamente de ese puesto; lo cual es especialmente cierto en este nuevo ciclo.

Otro causa por la cual se pueden perder los dones o las pertenencias, es por no mostrarse agradecidos y por no dar crédito a la fuente divina que las otorga.

En la práctica: Semillas para la abundancia

La abundancia es tu habilidad de disfrutar lo que tienes independientemente de la cantidad que poseas, mientras que la prosperidad es el aumento de tus frutos, sean espirituales, emocionales o físicos. La pobreza y la riqueza no sólo se refieren a lo material. Igualmente puedes experimentar la pobreza y la riqueza en distintas áreas de tu vida: en la espiritualidad, en la salud, en la familia, en el amor o en la capacidad de dar servicio.

Tu Dios quiere que prosperes en todas tus áreas.
«Amado, ruego que seas prosperado en todo, así como
prospera tu alma, y que tengas buena salud».
3 JUAN :2

Tu progreso es el resultado exacto de las semillas sembradas en diferentes áreas de tu vida. No existe error en el universo. Las semillas comienzan por el pensamiento y terminan por las acciones, que deben ser congruentes con una persona abundante. Aquí encontrarás una guía de hermosas semillas que aplicadas sin duda te proporcionarán abundancia y prosperidad en todas tus áreas.

- *Primera semilla.* Obsérvate. Identifica los mitos y las creencias y cambia tu conciencia. Modifica las creencias: «No soy suficiente, no merezco y no valgo», que son creencias de escasez, tengas mucho o poco. Siembra hoy el nuevo pensamiento: «Merezco, soy suficiente y valgo», y esto cambiará tu experiencia respecto a tu abundancia.

- *Segunda semilla.* Responsabilízate de tus errores del pasado. Salda las cuentas en todas tus áreas. Perdónate a ti mismo, tanto por tus malas decisiones, como por cualquier exceso. Perdona a los demás si te han quitado, si te han engañado. Al perdonar, dejas ir los pensamientos negativos que ocupan el espacio de los pensamientos creativos que te llevarán a prosperar en todas tus áreas.

- *Tercera semilla.* Agradece. Escribe una lista de los regalos que tu Dios te ha dado ya. Mira de cerca. Están por todas partes; el sol, el oxígeno, tus hijos, tu salud, tus dones. Agradece lo que tienes para recibir lo que viene.

- *Cuarta semilla.* Entrega a Dios tus finanzas y posesiones. Ésta es un área que comúnmente nos resistimos a entregar a Dios, sin embargo es Él quien nos da la abundancia. Repite: «Haz Tu voluntad con mis finanzas, utiliza mis bienes para Tu más alto bien». Después de esta petición debes vivir sin preocupaciones con respecto a tu dinero.

- *Quinta semilla.* Utiliza tus dones para ayudar a la humanidad. Mi maestro Alexander Everett decía, «Si quieres un millón, primero debes dar un millón en servicio».

- *Sexta semilla.* Date a ti mismo, pero no olvides dar un diezmo o una porción de tus ganancias a una causa que consideres importante.

- *Séptima semilla.* Actúa. Comienza desde donde estés, organízate, paga las cuentas, ahorra, invierte, limpia deudas y cobra a los deudores. Comienza a manejar responsablemente lo que tienes, sin importar la cantidad, pues quien no puede administrar correctamente cien euros tampoco puede manejar cien mil y menos un millón. Visualiza un plan y actúa de manera coherente con tu nueva actitud de abundancia.

Practica la generosidad, la cual no es sólo compartir lo material, sino dar lo mejor de ti en cada momento. No sólo estás invirtiendo en dinero, también inviertes por medio de tu ayuda, tu sonrisa, tu amistad. Observa cuán dispuesto estás a dar un cumplido, a dar las gracias, a ser amable, a reconocer una labor bien hecha, a ponerte de pie y aplaudir en un teatro, a quedarte unas horas extras en el trabajo, sin esperar recompensa, a dejar una nota con un pensamiento bonito, a cumplir tu palabra, a compartir un pastel con tu vecino, a dar una propina generosa a un camarero.

Sé generoso contigo mismo, valórate, regálate tiempo, descanso, vacaciones o date un gusto. Valórate y valora a los demás por su ser interior y no por sus pertenencias. Si te sientes atado por tus negocios, simplifica un poco. Valora lo simple de la vida. Una sencilla merienda en un parque puede satisfacer más que el manjar del más lujoso restaurante. Valora lo que tienes y no te distraigas por lo que te falta.

Valora a quienes están a tu lado, una amistad, tu compañero, un ser querido, tu pareja y la vida misma, las cuales pueden desaparecer en un segundo. Dar un fuerte abrazo, decir gracias, sonreír, dar una flor y compartir un atardecer no tiene precio. Disfruta de estos regalos, reparte tus dones, y el universo te corresponderá en la misma medida.

CAPÍTULO 13

TU ESPIRITUALIDAD

La espiritualidad no abarca sólo el espíritu, pues todo en nuestro universo es espiritual. Las cosas no son cosas, sino pensamientos hechos de energía que vibra guiada por un plan divino. Según este enfoque, el dinero, como el agua bendita, son espirituales; al igual que un negociante y un sacerdote también lo son.

Tanto lo visible como lo invisible es espiritual, pues no podemos dejar de ser espirituales.

La espiritualidad tampoco tiene que ver necesariamente con religión. La religión es cultura, en la mayoría de los casos, tu entorno la escogió por ti. Lo importante no es «pertenecer» a una religión, sino «practicar» la religión conscientemente. La religión no fue creada para separarnos, sino para acercarnos más a Dios.

Existen muchos caminos para llegar a Él. Cada persona elige la práctica que necesita en cada momento de su evolución. No podemos juzgar, ni opinar y mucho menos criticar las prácticas, ropas, ritos, idiomas y cultos de otros por el solo hecho de parecer diferentes a los nuestros.

La espiritualidad de la que hablo va más allá de credos y dogmas: es la forma pacífica que cada uno escoge para expresar su relación con Dios.

¿Dónde está Dios?

En el Talmud se recopila una historia del emperador Adriano, quien cierto día, en una conversación con el rabino Joshua, le pregunta:

—Usted dice que habla con Dios todos los días, pero ¿dónde está Dios? ¿Podría mostrármelo?

—Imposible –contestó el rabino.

El emperador muy molesto, insistió:

—Pero ¡¿Cómo piensa usted que yo voy a creer en un Dios que no puedo ver?!

Entonces el rabino le dijo al emperador:

—Mire el sol fijamente.

Ante esta sugerencia, el emperador contestó:

—Pero… no puedo.

Entonces el rabino sonrió y le dijo:

—Si no puede usted siquiera mirar el sol, que es sólo un mero sirviente de Dios ¿cómo espera usted ver a Dios?

DIOS

Existe un solo Dios, pero cada persona puede visualizarlo de forma diferente. Un aborigen puede imaginar a Dios como un sol, un artista occidental lo retrataría como un hombre blanco rodeado de ángeles, mientras que un científico quizás lo describiría como una gran matriz de energía en movimiento.

Mi forma de ver a Dios es muy simple: Dios es Uno, Madre y Padre, Dios es todo. Antes creía en un Dios absoluto, severo e implacable, un dictador emocional, casi humano en su forma de comportarse y reaccionar, que exigía devoción y castigaba cuando no se le obedecía y adoraba. Un Dios que tenía una barba blanca y que regía sobre mí desde los cielos, que no estaba dentro de mí y me juzgaba desde el exterior. Hoy es diferente, veo a un Dios amoroso, omnipresente, omnisciente, incluido, pero no regido por nuestras leyes físicas. Creador del universo y creador de sus leyes, existente simultáneamente en todas partes, sin principio ni fin, cuya naturaleza es incomprensible para mi intelecto, lo que no evita que pueda experimentarlo en mi corazón como un Ser personal.

¿ENTONCES, NOSOTROS SOMOS DIOS?

Muchas filosofías de la nueva era aseguran que somos Dios y, en cierta manera, es cierto aunque hay que tener en cuenta que la gota del mar no puede definirse como océano, sino como parte de él, pero tampoco puede considerarse como una entidad aparte de él. Por lo tanto, el océano contiene dentro de sí, en cada una de sus gotas y holográficamente, una réplica en miniatura de la totalidad del océano. De esta manera cada gota, imagen y semejanza del océano, no sería considerada como la totalidad del océano; al igual que nosotros, imagen y semejanza divina, no somos Dios. El océano contiene aguas cristalinas y aguas turbias, las aguas turbias son también parte del océano en busca de la luz divina.

Dios se manifiesta por medio de mi cuerpo, es y observa a través de mis ojos, es la razón de mi existencia y, a la vez, yo soy Su razón de ser; Él es mi torre de control, mi norte y mi plan. Él sabe el camino. Él es el camino.

LA ESENCIA DE LA ESPIRITUALIDAD

Un verdadero ser espiritual no puede «lucir» espiritual y tampoco necesariamente debe hablar ni describirse a sí mismo como tal, simplemente al actuar de una forma coherente con su mensaje manifiesta la esencia de su espiritualidad.

Para glorificar a Dios no es suficiente congregarse o realizar rituales. La espiritualidad debe ir acompañada de la acción. Un simple abrazo honesto a otro ser humano o un trozo de pan a un mendigo en quien reconozcas a Dios es la mayor alabanza. La persona que vive una espiritualidad consciente tampoco se enorgullece de los conocimientos que posee, pues sabe que ninguna información le pertenece, ni es exclusiva de nadie y elige la humildad en cada momento.

DESPERTANDO A LOS DEMÁS ESPIRITUALMENTE

No hay mensaje más poderoso que ese que se manifiesta por medio de tu ser, cuando has alcanzado el gran regalo divino de inspirar a otros, para que busquen ellos mismos su propia luz interior, al conectarse con Dios. Es importante tener en cuenta que la acción de inspirar a otros no implica que todo el mundo te escuche, dado que hay muchas personas que aún no están listas para recibir tu mensaje. No fuerces, sólo siembra y da ejemplo. Es importante reconocer que estamos capacitados para potencializar el nivel energético de las vibraciones a nuestro alrededor, pues todo en el universo es también vibración.

Según el maestro Dada Vaswani, existen personas que cuando están reunidas en grupo son capaces de ayudar a conectar a las demás con la energía de Dios. Él a estas personas les llama *polos*, porque actúan como imanes que ayudan a que también los demás se conecten con la fuerza de Dios.

SER COMO EL «AFINADOR DE PIANOS»

En 1656, Christiaan Huygens, científico holandés, descubrió que si colocaba dos relojes de péndulo, uno al lado de otro, moviéndose a ritmos diferentes, éstos rápidamente se sincronizaban comenzando

> a moverse al mismo tiempo y ritmo. Este proceso es mejor conocido como FFR, por su sigla en inglés, que significa seguir la frecuencia de respuesta. La Respuesta de Frecuencia Vibratoria, por medio de la resonancia, determina que un objeto que vibra puesto al lado de otro cause que ambos vibren al compás. Lo mismo ocurre con el tenedor tridente que se utiliza para afinar pianos: si se coloca vibrando al lado de otro ocasiona que el segundo también comience a vibrar de la misma forma.

Igual que los peces nadan a un mismo ritmo y los pájaros sincronizan su vuelo, los seres humanos nos afectamos los unos a los otros, tanto en frecuencias de odio y agresión, como en olas de paz y amor universal.

Si eres un ser que está conectado conscientemente a Dios, llegarán a ti personas de alta frecuencia como tú, pero también seres de baja vibración para que los ayudes o te den lecciones. Cuando estás conectado a la voluntad de Dios y en armonía con Él, su alta frecuencia en ti te protege constantemente.

Para convertirte en un agente de cambio, primero necesitas conscientemente conectarte con Dios. Si fallamos en conectarnos a Dios, corremos todo tipo de riesgos personales, materiales y espirituales.

LA RESPONSABILIDAD DE UN AGENTE DE CAMBIO ESPIRITUAL

El don de estimular positivamente a otros y hacerlos vibrar en armonía con el universo se logra desde el interior, por medio de buenas obras, sin esperar nada a cambio y por medio de tu amor.

El que va por buen camino lo demuestra en sus acciones cotidianas, con su integridad y honestidad, en el trato con los demás, también con aquellos que no están de acuerdo con sus planteamientos.

Una persona que promueve el cambio y el servicio no es perfecta ni está libre de errores, pero es honesta, hasta frente a sus errores, porque los reconoce y procura enmendarlos. Los maestros viven en un continuo proceso de aprendizaje con sus retos y caídas, las cuales usualmente ocurren en el mismo tema que se viene a enseñar.

Por lo tanto, el ser espiritual siente reverencia por los demás, por las cosas simples, trabaja para servir a los otros, no para utilizar sus conocimientos para sus propios fines, ni para conseguir privilegios. Simplemente actúa de manera coherente con lo que dice, habla y piensa.

FALSOS PROFETAS

Aunque es cierto que ninguno de los que habitamos en este mundo estamos libres de sombras y errores, es necesario y prudente saber reconocer los falsos profetas, pues en esta época de gran vulnerabilidad emocional muchas personas están más susceptibles de caer en todo tipo de trampas psicológicas o engaños.

¡Cuidado con estos líderes! Exige siempre respeto; sé cauteloso cuando te pidan que entregues dinero o propiedades; sé precavido donde te exijan actos difíciles, peligrosos o sin sentido, a cambio de probar tu fe y, por último, ¡mucho cuidado con profesar veneración ciega y única por algún líder terrenal! Te animo a estar atento, no necesariamente a desconfiar de todos, pero a aprender a discernir, cuestionar y seguir tu intuición a la hora de elegir tu fuente de inspiración.

LA REENCARNACIÓN

Numerosas filosofías explican la reencarnación de diferentes maneras, aunque la más generalizada postula que el alma después de la muerte sigue evolucionando hacia otros mundos o planos, tanto por un recuerdo de una conciencia colectiva unificada, como por medio del renacer en la tierra dentro de otro cuerpo. Es decir, el denominador común de estas teorías consiste en que el alma sobrevive al cuerpo y mantiene su identidad hasta cierto momento en que, tras terminar su aprendizaje, regresa a su origen unificado, que es Dios.

Debido a la complejidad multidimensional de nuestro universo, comprender el concepto de la reencarnación puede ser un reto. Por esta razón, lo ideal es aceptar y confiar que existe un plan perfecto, entregarnos a él, agradecer, perdonar y conectarnos a Dios y a su paz interior, y que sea Él quien nos muestre el camino a seguir. No es realmente necesario que comprendamos los entresijos del plan divino, dado que a veces se nos resisten y esto nos hunde en angustia.

> Una vez en una conferencia, alguien le preguntó al Dalai Lama si recordaba sus vidas pasadas y él jocosamente contestó: «En realidad no recuerdo ni siquiera qué he desayunado hoy».

Aunque el budismo tibetano es un firme impulsor de la reencarnación, estoy convencida de que el Dalai Lama con su comentario quería mostrarnos lo fútil que es intentar controlarlo todo y buscar las respuestas en el pasado, sea tanto en la infancia como en otras vidas.

LA RELIGIÓN NO ES UNIVERSAL, LOS VALORES SÍ LO SON

Existen valores universales, *altas cualidades* comunes a todas las personas en el mundo. Entre algunos valores significativos, destaco los siguientes:

1. *El agradecimiento.* Agradecer, es aceptar que todo, absolutamente todo, es un regalo de Dios, especialmente hecho para nuestro aprendizaje, independientemente de su naturaleza.

2. *La integridad.* Ser una persona íntegra quiere decir seguir siempre nuestra verdad interior, nuestro compás divino. Es estar al tanto de tus verdaderas intenciones en todo momento. Si tu intención es que quieres estar alineado a la voluntad de Dios íntimamente, siempre vivirás en integridad.

3. *La empatía.* Ser una persona empática significa reconocer que no somos perfectos, que en algún momento podemos experimentar errores, pesares y dolor. La empatía nos acerca a los demás, libres de prejuicio, sin juzgarlos.

4. *La compasión.* La compasión se manifiesta en la habilidad de compartir y sentir amor por la humanidad. Es cuando te conviertes en un instrumento para que el Amor Divino llegue al más necesitado a través de tu corazón.

5. *La voluntad.* Gracias a la voluntad manifiestas tu poder inquebrantable de elegir el camino correcto. Una voluntad firme primeramente ha sido entregada a la voluntad de Dios.

6. *El servicio.* El sentido último de nuestra vida es el servicio, entendido como cualquier acción que se practica con amor y sin esperar nada a cambio. Sencillamente se realiza porque es lo natural. Los árboles sirven sus frutos y las aves regalan su canto, sin más motivo ni razón. El servicio desinteresado a los demás es la mayor alabanza que puedes brindar a Dios.

7. *El liderazgo.* El líder es una persona que utiliza su don para inspirar a otros y enseñarles el camino de Dios. Un buen líder es sin duda también el mejor discípulo.

8. *El entusiasmo.* La palabra «entusiasmo» viene del griego *en-Teos,* que significa 'en-Dios'. Cuando estás conectado con Dios, tu energía viene directamente de la Fuente y estás lleno de Él. Tu verdadero propósito se muestra cuando estás verdaderamente «en-tusiasmado», es decir cuando estás «en Dios».

9. *El asombro.* Al asombrarte, eres como un niño. Quien se maravilla por lo simple ha encontrado la puerta del cielo, lo decía Jesús. El asombro es ver todo como nuevo, con alegría y sonri-

sa. Es cuando sientes reverencia por todo lo que te rodea, pues sabes que todo es parte de Dios. Es despertar la curiosidad y experimentar todo como algo nuevo y maravilloso. Es palpar con todos los sentidos, sin pensamientos del pasado y sin juicios, tal como si lo vivieras por primera vez.

10. *El desprendimiento.* El desapego es dejar ir lo que tu ego desea, a cambio de lo que Dios quiere para ti. Consiste en vivir consciente de la naturaleza impermanente y fugaz de la vida, saber y aceptar como parte del orden divino que todo cambia, se trasforma y termina.

11. *La paciencia.* La paciencia o la ciencia de la paz, como se la conoce, es saber esperar el momento justo. Es entender y confiar en que todo está en perfecto orden y tiempo. Una fruta tiene su proceso para madurarse, si la comes antes de tiempo, sólo te dejará un sabor amargo.

12. *La dulzura.* Practicar la cualidad de la dulzura consiste en saber revestir de amor cualquier palabra, obra o pensamiento.

La historia de Buda y el mango

Una vez un grupo de seguidores rogó al Buda para que les brindara un mensaje de espiritualidad. A cambio, el Buda sólo se quedó en silencio y tomó una fruta de mango madura entre sus manos. Por segunda vez, reclamaron su mensaje espiritual, pero una vez más el Buda se quedó callado con el mango en sus manos. A la tercera vez, los seguidores exigieron al Buda su tan esperada lección, pero de nuevo obtuvieron silencio y la visión del mango. Tras un rato el Buda les dijo:

«Les he enseñado tres veces el secreto de la espiritualidad, pero ustedes no se han percatado de ello. La lección de hoy es que sean tan dulces como esta fruta de mango, tanto en sus gestos, como en sus palabras y acciones».

¿MEDITANDO O RUMIANDO?

Para una persona muy activa aprender a meditar puede resultar muy frustrante. Cuando alguien me pregunta cuánto debe meditar, respondo: 24 horas al día, y luego le explico que me refiero al hecho de estar conscientes, alerta y despiertos la mayor parte del tiempo.

Para muchas personas, meditar significa quedarse en silencio a pensar, mirar y rumiar cada problema que tengan en el momento, agravándolo y observándolo en la pantalla grande de su mente. Esta práctica no la considero muy positiva.

Existen varias técnicas de meditación y relajación, te invito a que experimentes diferentes prácticas hasta encontrar la más afín a tu persona. Aquí comparto un simple ejercicio de respiración muy poderoso para relajarte.

Ejercicio

Respiración de luz

Se trata de practicar la respiración de luz desde el diafragma.Esta práctica es inspirada por una meditación original de Oriente, es muy poderosa, pues mientras eres consciente de la respiración, no puedes pensar y Dios te habita y te habla por medio del silencio. No importa el momento en que la practiques, lo que cuenta es que sobre todo en medio de un estado nervioso o de tensión, recurras a ella:

1. Busca un lugar tranquilo y asegúrate que no serás interrumpido. Siéntate con la espina dorsal derecha, pero cómodo, utiliza almohadas si es necesario para ayudarte a conseguir la postura erguida de tu columna. Localiza el diafragma, el músculo debajo de las costillas. Comienza la respiración subiendo y bajando tu diafragma con el aire de la respiración.

Verás cómo el estómago se mueve pareciendo que sube y baja.

2. Inhala luz mentalmente. Al terminar la inhalación, sostenla durante unos dos segundos o el tiempo necesario para adquirir un ritmo armónico.
3. Exhala. (La inhalación debe ser un poco más corta que la exhalación). Exhala por la nariz.
4. En la inhalación y en la exhalación visualiza cómo el aire sube y baja por un canal de luz brillante que purifica todo tu cuerpo, desde el final de tu espina dorsal hasta llegar a la coronilla. Sonríe al terminar la exhalación.
5. Para guiar la respiración puedes repetir el nombre de tu propia fuente de inspiración divina. Por ejemplo, puedes repetir el nombre de Jesús, mientras respiras, diciendo la sílaba *Je* mientras inhalas, y repitiendo la sílaba *sús* mientras exhalas.

Dependiendo de mi necesidad y tiempo, hago desde 22 hasta 108 respiraciones. Repite esta secuencia la cantidad de veces que sea necesario. Si deseas, utiliza las herramientas que prefieras para que te ayuden a concentrarte: un rosario o un mala, que es un collar de cuentas que utilizan los budistas y los hinduistas, o un tasbih, rosario musulmán, o cualquier herramienta que te facilite llevar un conteo adecuado para mejorar tu concentración.

CAPÍTULO 14

EL SERVICIO

Muchas personas entienden el servicio como un medio para alcanzar la felicidad y, aunque a veces es cierto, el servicio verdadero no debe utilizarse como medio para conseguir algún resultado en particular, ni agradecimiento, ni reconocimiento, ni admiración, ni dinero, ni beneficios, ni mucho menos privilegios. Por lo tanto, el servicio debería ser nuestro estado natural en cada momento.

Plantearte preguntas como «¿Para qué soy útil?» «¿Cómo puedo servirte?» es sin duda una fórmula valiosa para las relaciones con tu entorno y el mundo en general. El servicio más auténtico consiste en permitirle a Dios, siguiendo el ejemplo de Francisco de Asís, que te convierta en un instrumento de su paz en cada situación, con cada persona, en cada momento. El transformarte en este instrumento se convertirá entonces en la razón de tu ser. Mira a tu alrededor para ser, ver y vivir, SERVIR y recuerda las palabras de la Madre Teresa: «Aquel que no vive para servir, no sirve para vivir».

Cuando encuentras tu don, respetando tu naturaleza, es inevitable expresarlo.

Un día le preguntaron a Jaime Jaramillo, Papá Jaime, Premio Mundial de la Paz por su gran labor humanitaria de rescatar a miles de niños de las alcantarillas de Bogotá:

—¿Cómo puedes meterte entre tanta suciedad y pestilencia?

Y Jaime contestó:

—¿Y cómo puedo no hacerlo? ¿Cómo puedo dejar de ayudar a un niño indefenso?

Al verdadero cirujano no le molesta la sangre, a la verdadera maestra de primaria no le molestan los niños, al verdadero contable no le molestan los números. De la misma forma ocurre en la naturaleza, al camello no le molesta el calor del desierto, ni el cóndor teme las alturas, simplemente se regocija con su naturaleza y expresa cuál es el lugar que le corresponde según lo que es, sin esperar nada a cambio. Existe un área donde cada cual es útil naturalmente, porque no a todos les toca ser cóndores y no a todos les toca practicar una cirugía.

«No hay nadie tan pobre que no pueda dar,
ni nadie tan rico que no pueda recibir».

PAPÁ JAIME

Todos tenemos nuestro rol, nuestro papel; algunos venimos a dar con nuestras manos, otros a sanar, otros a enseñar, otros a inventar, otros a organizar, otros a construir; otros a comunicar, mas otros; vinimos a conectar unos seres con otros. Algunos servimos en la salud, otros sirven en la enfermedad, por lo tanto ningún don es mejor o peor que el otro, todos son necesarios y cada cual tiene su lugar; lo importante es descubrirlo y buscar la forma de prestarlo a los demás naturalmente. Como bien dice Papá Jaime, si sirves desde el amor y no desde la pena y el sufrimiento nuca te sentirás incómodo ayudando a alguien.

Cuando sirves, trabajas sólo para Dios, de esta forma, trabajas con toda intensidad, pero no apegado al resultado. Cuando sirves te conviertes en un instrumento de Dios y no te concedes el mérito de tu talento, al contrario, se lo das a Dios. El que sirve no espera cambiar las cosas, ni lo hace como una manera de encontrarse a sí mismo, ni lucha en contra de la guerra, sólo lucha a favor de lo que cree, actuando con amor y paciencia hacia la meta deseada. Rosa Parks no tiró piedras a los racistas, únicamente se sentó en su merecido asiento, asignado antes a los blancos. Mahatma Gandhi no hizo guerras contra el imperio británico, sólo se manifestó en paz evitando cualquier enfrentamiento o violencia.

Cuando a la Madre Teresa de Calcuta se le preguntaba sobre su postura en las manifestaciones en contra de la guerra, ella simplemente respondía: «Yo no participo en manifestaciones en contra de la guerra, sólo en las que son a favor de la paz».

Por lo tanto ayúdate primero a ti mismo, cuídate, descansa y aprende a sanar. Una vez sano, averigua tu don y entrégalo a otros, cumpliendo de forma natural con tu servicio.

Un discurso de Oprah Winfrey, conocida conductora de TV estadounidense, me inspiró esta poderosa oración:

«Utilízame Dios para tu plan, en formas inimaginables para mí,
a través de la visión de la más alta expresión que tienes para mí y
que va más allá de mi propia imaginación».

Sin duda Oprah Winfrey conoce muy bien el poder de las palabras hechas oración. Su vida es un claro ejemplo de superación personal de una mujer de color y humilde quien ha conseguido, gracias a una actitud correcta frente a la vida, convertirse en un icono de la televisión inspirando a millones de personas a través de su programa.

CAPÍTULO 15

EL AMOR Y LA PAREJA

EL AMOR VERDADERO

El amor verdadero y universal es la esencia pura, un bálsamo suave, la fuerza que rige el universo y la sustancia que alimenta todos nuestros sueños. El amor está en todas partes, es el todo, es la luz y la oscuridad, la palabra y el silencio; es el logos, la naturaleza y el viento; la roca y el vacío, el alfa y el omega, es el espíritu que da vida a la misma vida, es Dios. El verdadero amor es aquel sentimiento que experimentas al reconocer que todo, absolutamente todo, procede de la Divinidad.

El amor verdadero no tiene ciclos porque no cambia, es constante y eterno, vive sin afectarse por las leyes del tiempo y del espacio. El amor lo inunda todo. No lo puedes recibir de otros porque ya vive dentro de ti. No lo puedes entregar a otros porque ya habita dentro de ellos. Por eso, el amor no depende de nada ni de nadie, sólo lo experimentas tú mismo en tu interior y la única forma de compartirlo es cuando lo compartes con otro por medio de tu Ser auténtico, pues sólo al ser totalmente como eres, puedes experimentar y, al mismo tiempo, irradiar el verdadero amor.

LA BÚSQUEDA DEL AMOR

Muchas personas creen en la existencia de las almas gemelas y buscan toda su vida ese amor perfecto, ese ser que nos ame, nos admire y nos acepte tal cual somos; que tenga nuestros mismos intereses y nuestra misma misión de vida; que pueda mirar dentro de nosotros y comprendernos sin hablar, que no nos juzgue, que nos diga la verdad, que no nos critique y que nos apoye incondicionalmente en todas nuestras ocurrencias; que nos ame en nuestros peores días, perdonando nuestros errores y olvidos; que minimice nuestras debilidades y celebre nuestros dones; que sea nuestro compañero en los interminables días de la vejez y que nos ame, incluso cuando nuestra belleza, talento y vigor hayan mermado.

Ese gran amor es posible, pero antes de buscarlo fuera de ti debes aprender a experimentarlo en tu interior, al regalarte aquello que buscas fuera; amándote en los peores días, perdonando tus errores y olvidos, minimizando tus debilidades y celebrando tus propios dones.

Así, perseverando en la búsqueda de tu *ser interior* y descubriendo el *amor propio;* al encontrarte a ti mismo, por medio de la meditación, la reflexión y la conexión con Dios, vibrarás con todo el amor, agradecimiento y aceptación y será inevitable que experimentes el verdadero amor en tu vida. Esa es la Ley, pues, tal como te trates a ti mismo, te tratarán los demás.

NUESTRA ALMA GEMELA

El enamoramiento ocurre en un momento mágico, cuando el otro inspira en ti un sentimiento incondicional y puro, repleto de posibilidades y esperanzas. Cuando conoces a alguien que te inspira un amor a primera vista, la química revoluciona tus hormonas a medida que experimentas una sensación inexplicable. Sin duda la chispa del amor es un misterio. En muchas ocasiones, se trata de un anhelado reencuentro con esa alma despierta, con la cual quizás hicimos un pacto en el cielo, una promesa de amor, un plan para al fin encontrarla en medio de la confusión del mundo. Hallarla es nuestra recompensa final tras tanta búsqueda, tanto error, dolor, incomprensión y soledad. Con ella, terminan todas las manipulaciones, las exigencias, los deberes y las incertidumbres. Con ella pierdes tus miedos, encuentras la libertad y puedes ser tú mismo.

Dada Vaswani siempre me recuerda que nada es destino, sin embargo, curiosamente él asegura que el día de nuestra muerte y el encuentro con nuestra pareja ideal sí están predestinados. Por lo tanto, irremediablemente, según el destino, tu alma gemela viene a ti sin afán y sin búsqueda. En otras palabras, tu pareja ideal simplemente llega a ti, cuando vibras con ella, cuando tus cualidades y las suyas se complementan. De la misma forma se va cuando ya no vibra con tu frecuencia, cuando uno de los dos decide no crecer o evolucionar, cuando la lección ya está aprendida, cuando se acaba el propósito, cuando se agota la llama, la admiración y el respeto por el otro.

EL PROPÓSITO DEL AMOR DE PAREJA

Nos enamoramos cuando vemos reflejado en el otro las cualidades que ya poseemos, entonces el amor se manifiesta como pura inspiración y admiración. En ese caso, más bien nos estamos enamorando de nosotros mismos, o nos enamoramos de aquella cualidad que pensamos que nos falta, que anhelamos tener, o que ya poseemos, pero que no hemos aún reconocido en nosotros.

Entonces, el propósito real de las relaciones es trabajar a través de ellas, porque hay cualidades de nuestra alma que necesitan atención, cualidades que quizás todavía no hemos potenciado, reconocido o realizado en nuestro interior; por lo tanto, nuestra pareja puede mostrarnos las carencias de nuestras propias vidas y enseñarnos a completarlas.

De esta manera, todas las experiencias que tenemos en nuestras relaciones son necesarias, incluso las dolorosas como los celos y las infidelidades, pues suponen un espejo de nuestra evolución y, a medida que entremos en conciencia, veremos que ya no es necesario sufrir, sólo aprender.

¿TE AMAS A TI MISMO?

El amor propio no sólo se demuestra en palabras. Cuando pregunto a alguien: «¿Te amas a ti mismo?», siempre escucho un: «¡Por supuesto que sí!», pero nuestras vidas no mienten, y demasiado a menudo nos muestran en su espejo un fiel reflejo de la verdadera respuesta. Si sientes que tu pareja no te valora, mira bien de qué manera no te valoras a ti mismo. Si sientes que tu pareja no se compromete contigo, busca entonces cómo no te comprometes con tu propia vida.

Nuestras relaciones personales, al igual que nuestras vidas, reflejan nuestras creencias sobre nosotros mismos. Como hemos mencionado, una creencia es un pensamiento cristalizado que se formó en algún momento de tu vida, por un acontecimiento específico o por un pensamiento que repites una y otra vez gracias a conclusiones falsas, basadas en una interpretación equivocada. «Las peores mentiras son aquellas que nos decimos a nosotros mismos», escribía Richard Bach, en su hermosa obra, *Juan Salvador Gaviota*. Así como en la alimentación incorrecta se refleja poco amor por el cuerpo, también el hecho de aceptar una relación envenenada de maltrato, o simplemente estancada, pone de manifiesto falta de amor propio y baja autoestima.

Dejar que nuestros jefes, amigos e hijos nos hablen sin respeto es un maltrato hacia nosotros mismos. Estas dinámicas negativas no son exclusivas de la pareja. Maltratar a otros, ignorar sus sentimientos, engañarles y mentirles, es igualmente una falta de amor propio, pues una persona que se ama a sí misma jamás haría daño conscientemente a nadie.

Pensar que no vales y que no te mereces algo es la raíz de un amor tóxico. Lamentablemente y como ya hemos visto, las creencias son inconscientes y atraen pensamientos similares. Los pensamientos crean nuestro futuro y nuestra experiencia.

Las creencias atraen pensamientos afines y sin saberlo también rigen nuestras decisiones y emociones. Si tu creencia es que no mereces el amor, tus decisiones y sus consecuencias reflejarán esta mentira, pues quieras o no, inconscientemente, vivirás sin límites saludables y sin darte cuenta accederás a comportamientos denigrantes o a situaciones que no honran tu esencia divina.

Maltratarnos a nosotros mismos, es el resultado de la falta de amor propio. El descuido de tu persona, no cuidar tu cuerpo, la obesidad, comer de manera poco saludable, dormir poco, trabajar demasiado y llegar a excesos, tanto en la sexualidad, como en el abuso de sustancias nocivas, como el alcohol, el tabaco y las drogas son la señal más clara de la falta de amor y respeto hacia ti mismo.

AMAR CON LOS PIES EN LA TIERRA

En el caso del comienzo de una relación tóxica, es común colocarnos un filtro que difumina todos los problemas potenciales, justificando hasta la inconsciencia las acciones dañinas que nos inflinge el otro. Es cierto que el miedo a perder el amor, las exigencias y esperar que el otro se comporte como queremos, daña y mata el amor. Las falsas expectativas pueden llevar dentro de sí la semilla de la desilusión, pero esto no quita que sanamente esperemos respeto, compromiso, autenticidad y honestidad de la persona amada.

Las expectativas y los límites saludables sí tienen su lugar en nuestras vidas y muestran nuestro amor propio. En la misma medida que das amor, tienes derecho a recibirlo.

Al principio de una relación tóxica, es común mostrarnos incondicionales y aceptar todo de la persona amada. No necesariamente la vemos tal cual es, sino como la inventamos, o como potencialmente creemos que puede ser, pero la realidad es que no podemos enamorarnos de una persona ficticia, inventada por nosotros.

Observamos las alarmas, pero las justificamos. Si permanecemos con los ojos cerrados, entregaremos la llave de nuestro corazón, idolatraremos a la pareja y nos adaptaremos inconscientemente para ser aprobados y amados, o nos convertiremos en sus salvadores. Más adelante en la relación, la polaridad naturalmente viaja de un extremo a otro con la misma fuerza, haciendo caer de su pedestal al mismo ser que antes admirábamos y amábamos, entonces sentiremos resentimiento, pues nos daremos cuenta de que nadie puede darnos lo que nosotros mismos no tenemos. Entonces de pronto vemos por fin la realidad con sus defectos y damos paso a una gran crisis, con el agravante del apego, que es el miedo a perder lo que considerábamos erróneamente la fuente de nuestra felicidad; miedo que podremos vencer al entender que nada ni nadie puede controlarnos, ni tampoco darnos la capacidad para amar o ser felices, a menos que tenga nuestro consentimiento para hacerlo.

Todo lo contrario sucede en una relación saludable, cuando idealmente llegamos al término medio, donde ya vemos al otro ser, por lo que realmente es y no por lo que queríamos ver; es entonces en ese momento cuando podemos decidir verdaderamente si esta relación es lo mejor para nosotros.

El amor real, de hecho, solamente se alcanza después de superar las aguas turbulentas de un romance, para llegar así firmes y seguros a las calmadas aguas del verdadero amor. Esto sucede cuando decidimos ir más allá de la etapa del enamoramiento, esos primeros meses donde la ilusión nos confunde con sus trampas y permanecemos ciegos.

El amor verdadero sólo asoma después de trascender las montañas de la pasión, la ilusión y las hormonas, cuyo furor dura muy poco tiempo, para llegar finalmente al valle de la realidad donde triunfa el amor con los ojos abiertos, como bien lo describió en uno de sus libros Jorge Bucay. El amor que trasciende no comienza hasta que no termina la etapa del enamoramiento y sólo se disfruta cuando llegamos a una relación estable, que avanza navegando los ritmos del tiempo y los altibajos de los ciclos de la vida. Gracias a la honestidad, la integridad, la dedicación, la compasión, la cortesía, la dulzura y la paciencia superamos la rutina de la convivencia para dar paso a un amor que sigue creciendo, madurando, transformándose y profundizando cada vez más en la verdadera esencia del amor desembocando necesariamente en una real fusión de las almas.

El amor maduro se produce cuando la total unión de dos almas hace que la individualidad de cada una brille más por sí misma, y no lo contrario.

Para que un amor sea duradero, debemos enamorarnos desde un principio de aquellos valores que sean igualmente perdurables. Ya que si te enamoras de un cuerpo, de un apellido, del poder, de la posición social, de una cuenta de banco o de un oficio, y esas cosas cambian o terminan, lo que creías amor también se acabará con ellas.

En la vida práctica: Cómo polarizar una relación de amor

Para polarizar una relación, o sea, para verla realmente desde ambos lados, es importante tener la habilidad de ver las cualidades positivas que tiene la pareja, pero también las negativas y reconocer que incluso una cualidad positiva llevada al extremo puede ser, en un futuro, un problema para los dos. Un ejemplo común se da cuando un miembro de la pareja está muy apegado a sus padres, lo cual es una cualidad admirable inicialmente, pero llevada al extremo puede resultar perjudicial. Lo importante en una pareja es buscar y llegar a un equilibrio, con honestidad y comprensión.

La armonía de la pareja en las siete áreas de vida del portafolio personal son fundamentales para un amor duradero. En muchas ocasiones, se necesita llegar a nuevos acuerdos y reexaminar antiguos pactos sellados inconscientemente por hábito o costumbre.

Es útil también aprender a perdonar y tolerar las pequeñas diferencias, pues nunca encontraremos a una persona perfecta y sin defectos, tampoco nosotros somos así.

LA VERDADERA LIBERTAD EN EL AMOR

Independientemente de lo que alguien pueda hacer o decir contra ti, nadie tiene realmente el poder de hacerte sentir de ninguna forma en particular, pues no puedes culpar al otro de lo que tú mismo permites creer y experimentar dentro de ti, sea positivo o negativo.

Asimismo, no necesitas a nadie para sentirte bien y, por lo tanto, eres libre. Solamente una persona independiente y libre tiene la capacidad de amar y ser amado verdaderamente. Si el sentirte feliz o enamorado, o el estar triste o enfadado, depende de otros, eres como un barco a la deriva. Es preferible ser el capitán de tu propio barco, eligiendo tu rumbo, que entregar el mando al viento.

EL APEGO

El apego es el miedo a perder algo que consideramos imprescindible e insustituible para nuestra supervivencia. El apego es el motivo principal del sufrimiento en el amor, aunque el desapego extremo puede resultar en indiferencia y es tan nocivo como una total desconexión. El apego y la indiferencia, por lo tanto, son las dos caras de la misma moneda. El apego, el amor, la indiferencia y el odio son aspectos opuestos de la misma energía.

Si el amor fuera una temperatura, el odio sería el frío glacial,
el apego sería el calor del desierto, pero el amor verdadero
sería como la brisa de una suave primavera.

VÍNCULOS NECESARIOS

En la naturaleza existen apegos que son vínculos saludables y necesarios, como el amor entre una madre y un hijo. Así como en el bosque, el vínculo de un pequeño ciervo con su madre puede salvarle la vida, para los seres humanos existe otro vínculo esencial que es nuestra conexión con Dios, que de la misma manera impide que nos perdamos en el camino y seamos víctimas de los depredadores.

Por lo tanto, el apego saludable es el compromiso voluntario a reconocer el debido valor de las cosas, como el valor de la vida, el de un amor, el de un ser humano, de sus sentimientos; el valor de la integridad, de los derechos universales y el de los principios que no son negociables. Sin embargo, el desapego extremo que cae en la indiferencia es destructivo y no sólo en el amor sino en todas las áreas de la vida.

Todas las personas tenemos apegos a diversas cosas. Existen personas que dicen ser desapegadas en el amor, sin embargo se muestran apegadas a su dinero, trabajando obsesivamente para no perderlo. Otras son desapegadas al dinero, pero son obsesivas con sus hijos, como en el caso de algunas madres que viven a través de ellos. Otras están apegadas a la fama, al reconocimiento, a sus ideales, a la pena que sienten por otros o por sí mismos, llegando hasta el extremo de alargar una enfermedad a cambio de seguir recibiendo atención.

Otras personas son apegadas a sus rencores. En fin, somos apegados a aquello que hemos catalogado como una insustituible fuente de placer, por seguridad o hábito, tanto a nivel consciente como inconsciente.

El problema radica en que el apego puede comprometer tu habilidad de ver las cosas tal como son en realidad, pues el miedo a perder algo, incluyendo el hecho de tener la razón, causa que justifiques todo para mantener y no perder aquello que piensas que es imprescindible. Por otro lado, el desapego que muestran las filosofías orientales desemboca en *desprendimiento*, que implica el hecho de mantenerse consciente y tener la habilidad de sostener una posición neutra, saludable y objetiva frente al desenlace de cualquier acontecimiento.

El desprendimiento y el desapego son el resultado de tener el entendimiento y, a la vez, la certeza de que nada en este mundo nos pertenece, que en realidad no tenemos total dominio sobre nada exterior a nosotros y que todo en la vida es temporal y fugaz, incluyendo nuestra vida. Ésta es la naturaleza de nuestro mundo físico.

Lo único constante es el cambio, como bien dijo el filósofo griego Heráclito: «*No nos bañamos dos veces en el mismo río*».

Las personas también cambian, por lo tanto, el apego a ellas, principalmente cuando ocurren desenlaces que no esperamos (como pueden ser los cambios repentinos en el comportamiento de ellas con respecto a nosotros), es absurdo dado que no podemos detener el cambio, tan sólo podemos escoger cómo reaccionar ante los imprevistos que suceden a nuestro alrededor.

DEJANDO IR

Aunque no puedes determinar cuánto tiempo dura un amor, sí puedes escoger utilizar la voluntad para desprenderte con conciencia y dejar ir una relación que ya no te conviene. Pues el amor no es necesariamente para toda la vida. Es cierto que se debe hacer todo lo posible por mantener una relación en la que exista respeto y amor verdadero, pero si por ejemplo tu pareja decide abrazar una ideología extrema como la neonazi o decide tener más de una pareja a la vez, entonces el amor para toda la vida no puede ser ya una promesa real que tienes que mantener.

El verdadero amor no trata de retener a alguien que no le pertenece. Al retener a una persona, evitas que este ser humano encuentre su verdadera felicidad y crezca y, al mismo tiempo, te niegas el derecho a hacerlo tú mismo. No se puede detener al ser amado ni controlar cuánto te ama, al igual que nunca se puede detener la corriente de un río ni la dirección de su cauce.

El amor en realidad no muere sino que cambia. Si se logra vencer el rencor del abandono, puede verse cómo dos amantes pueden terminar siendo amigos, como también puede verse cómo dos amigos pueden terminar siendo amantes, o en el peor de los casos, dos amantes pueden terminar siendo enemigos. El amor es una energía que nunca muere, pero sí se trasforma siguiendo nuestro flujo de energía.

En la vida práctica: Cómo encontrar tu pareja ideal

Primero obsérvate e identifica tus creencias negativas respecto a la pareja. Creencias como «no merezco el amor», «todos los hombres o las mujeres son iguales», «el amor es sacrificio y sufrimiento», «si amo pierdo mi libertad» o «mi verdadero y único amor es...» son causantes silenciosas de la soledad, aunque ya estés acompañado. Una vez identifiques el pensamiento errado, éste perderá su poder.

En realidad cuando estás alineado al Plan de Dios, Él te mostrará tu pareja perfecta. En este caso, pide por la pareja ideal que Dios tiene para ti. Tenemos que unir mente y corazón; porque cuando nos dejamos guiar sólo por el corazón, muchas veces perdemos la habilidad de ver una situación en su totalidad, no vemos claramente y podemos equivocarnos al escoger nuestro compañero. De la misma forma, si sólo utilizamos nuestro intelecto, es posible que descartemos a la persona correcta, al dejarnos guiar sólo por las apariencias. Lo ideal por lo tanto, es unir mente y corazón para lograr un equilibrio a la hora de elegir nuestra pareja ideal. En este caso, también debemos entregar a Dios nuestras relaciones amorosas. Sé que no es fácil, pero sólo Él sabe lo que es mejor para nosotros.

Si tienes duda, entrega a esa persona a quien dices amar a la voluntad de Dios, o como bien dicta *Un curso de milagros*, deposítala en el altar de Dios, colócala allí y entrégala completamente a Él. Si es para ti, Dios te la devolverá totalmente renovada, de lo contrario, la eliminará de tu vida sin dolor y en armonía.

Dile a Dios que no quieres nada que Él no quisiera para tu mayor bien, y luego, déjalo ir. Es fundamental que la voluntad divina prevalezca sobre tus propios deseos, así podrás ver objetivamente la situación, de otra forma corres el riesgo de justificar acciones intolerables. Para esto se necesita mucha valentía y desprendimiento, pero te aseguro que si lo haces correctamente, verás cómo se obran milagros en tus relaciones.

EL VIEJO MODELO

A través del tiempo y las culturas, los miembros de las parejas han desempeñado diferentes roles. En una época de guerra, por ejemplo, mientras los hombres estaban en el campo de batalla la mujer sostenía el hogar y trabajaba afuera. En cada etapa, los hombres han tenido un rol y las mujeres otro. En algunos ciclos, el modelo ha sido necesario para sobrevivir, sin embargo, tradicionalmente el hombre ha sido el sexo dominante, con la resultante falta de derechos de la mujer y la supremacía masculina sobre ella.

Los hombres y las mujeres no somos iguales, pero sí nos complementamos, es decir que el uno inevitablemente necesita del otro como el Ying y el Yang, el femenino y el masculino, la creatividad y la intelectualidad, la intuición y la fuerza. Bien lo describen los Bahá'ís, textos sagrados de una religión relativamente nueva de Irán, fundada a principios del siglo XIX, que promueve el respeto y la igualdad de la mujer: «Los hombres y las mujeres son como dos alas de una misma ave, mientras no estén equiparadas y unificadas, no dejarán que ésta levante su vuelo». El grado de evolución de una nación se muestra por medio de la igualdad de derechos que se otorgan a la mujer.

Se está produciendo un cambio muy grande en las creencias que tenemos sobre lo que es el modelo perfecto en el amor y en las relaciones de pareja. En el antiguo modelo de pareja, el hombre era el proveedor y el cazador, mientras que de la mujer se esperaba que fuera sumisa y que no tuviera ambiciones, ni ilusiones, y que no saliera del ámbito doméstico, sacrificando en muchos casos sus propios deseos de utilizar su talento y buscar su propósito.

La mujer, al considerarse inferior, se sentía insegura y no confiaba en su propia guía interior, por lo que necesitaba la guía del hombre para confirmar su dirección. Todavía existen mujeres que necesitan constante aprobación y validación sobre sus propias decisiones. Este modelo arcaico sigue creando en el presente mujeres dependientes, con miedo, que sienten culpabilidad por seguir la voz de su corazón y que en algunos casos extremos, todavía se someten a abusos y a maltrato por parte de la pareja que sigue teniendo el control económico o emocional.

LA NUEVA MUJER

La nueva mujer tendrá un papel importante en las generaciones futuras; la mujer sigue su intuición y participa cada vez más en la vida pública compaginando sus responsabilidades naturales de mujer-madre. Las necesidades económicas no se pueden negar y es comprensible que la mujer trabaje también fuera del hogar, pero en un mundo ideal lo óptimo sería quedarse con sus hijos durante los primeros cinco años de vida, determinantes para su infancia.

Es importante también considerar las muchas alternativas que existen para trabajar desde casa, o encontrar un empleo con flexibilidad horaria. En mi caso pude escoger educar a mi hija en el hogar durante los primeros años. Esta etapa me hizo entender que la cercanía de una madre es sumamente importante para un desarrollo sano y feliz de la infancia. Dado que la vida se vive en capítulos, un trabajo o una profesión se puede reanudar, pero la infancia de un hijo es lo más fugaz. Sin duda, hay un tiempo para criar y un tiempo para trabajar ofreciendo tus dones al mundo.

El conflicto surge cuando lo que queremos hacer y lo que pensamos que debemos hacer no coincide. De esta forma vemos cómo una mujer que está en su etapa de construir se siente culpable por no estar en el hogar, y cuando está en el hogar cumpliendo la etapa de crianza se siente culpable por no estar en el mundo laboral. En estos casos es muy importante examinar las distintas necesidades de la mujer en las diferentes etapas de su vida y buscar cómo satisfacerlas; de lo contrario, no se disfruta ninguna de ellas. Existe un momento perfecto para todo, se trata de saberlo encontrar. Esta búsqueda resulta exitosa sólo a través del silencio, la meditación y la comunión con Dios. Posiblemente podrás tenerlo todo, pero cada cosa en su momento.

Los roles errados que muchas veces se observan en las parejas, no son exclusivamente originados por los hombres, pues también las propias mujeres fomentamos inconscientemente muchos de esos papeles arcaicos. Algunas veces, la mujer puede perpetuar antiguas creencias al permitir ciertas actitudes, por miedo o por costumbre. Hay mujeres que encasillan a los hombres en el rol de proveedor, de guardián de su seguridad y de su estatus social y contribuyen a crear una fuerte presión social.

El problema central está cuando hombres o mujeres dejamos de ser nosotros mismos para conformarnos con ser como la sociedad quiere que seamos, a cambio de validación, aceptación o estabilidad. Por el contrario, si nos amamos verdaderamente, entonces viviremos como seres íntegros y no tendremos que fingir.

LA INTEGRIDAD EN EL AMOR

Cuando hay integridad, desaparecen los engaños, en otras palabras, ya no es necesario esconder quiénes somos o cuáles son nuestros verdaderos sentimientos por temor a mostrarlos. En una experiencia de amor completa se expresa lo que se siente y existe total coherencia entre la manera de actuar, la manera de hablar y la forma de pensar. En cambio, un amor incompleto es un amor disfrazado, manipulador, que piensa sólo en su interés. Algunas veces, también se da el caso de personas que sienten todo el amor, pero por miedo a parecer vulnerables, o por orgullo, no muestran sus verdaderos sentimientos hacia su pareja.

Unas de las barreras más fuertes en contra del amor verdadero es el acto de esconder quiénes somos realmente y el de evitar por todos los medios la intimidad para no ser expuestos al rechazo. El miedo más grande que el hombre puede sentir, y que es tan fuerte que supera el miedo a la muerte y puede competir con el peor de todos los miedos es el temor a no ser aceptado y su consecuencia de ser rechazado.

Debido a este miedo, muchas veces creamos máscaras, aprendemos todo tipo de técnicas y utilizamos cientos de formas para manipular la relación, para mantener el control de la misma y de esa manera librarnos de la obligación del encuentro cercano.

Lo hacemos por medio del silencio, al esconder lo que sentimos, como si el guardar información nos ayudara a obtener ventaja sobre la relación, cuando en realidad lo que conseguimos con esa actitud es parar el flujo de la energía del amor hacia nosotros mismos, pues la otra persona se da cuenta de lo que escondes, hables o no. Por lo tanto, la honestidad, la cortesía, el ser amables, amorosos y ser nosotros mismos es el mejor camino para alimentar el flujo del amor.

Para experimentar una relación total y honesta en el amor,
es necesario superar el temor al riesgo de ser rechazado.

La vulnerabilidad positiva se manifiesta cuando te arriesgas a amar, cuando abres tu corazón al otro, cuando bajas las armas y te quitas las máscaras que esconden quién eres realmente. Amar sin miedo significa expresar lo que sientes, relajar tus hombros, tener una mirada limpia y simplemente mostrar tu sonrisa y estar dispuesto a que tu orgullo no sea la guía que maneje tus sentimientos, o sea, debes mostrarte tal cual eres y expresar lo que sientes, especialmente, debes darte permiso para decir cuándo sientes miedo, incomodidad, tristeza o incertidumbre, pues tienes derecho a sentir lo que sientes.

En la vida práctica: Cómo expresar tus sentimientos

La próxima vez que te des cuenta de que estás reprimiendo tus sentimientos haz un esfuerzo consciente para manifestar lo que sientes, ya sea llamar por teléfono a la persona amada, regalarle algo, o simplemente expresarle cuán hermosa la encuentras, cuán especial es y, sobre todo, cuánto la amas.

LA PAREJA DEL NUEVO CICLO

Existen varios arreglos de pareja y todos son válidos, pues reflejan lo que cada cual necesita con su actual estado de evolución, sin embargo podemos ver cómo los paradigmas de lo que es una pareja van cambiando con el tiempo.

Entonces, vemos cómo la nueva pareja tiene un compromiso verdadero con el otro, pero sin perderse a sí mismo, no depende del otro para ser feliz y no tiene apego ni miedo a perder la pareja; pero tampoco está tan desapegada, tan enajenada y tan lejos de la otra persona como para que falte al sentido de lo que es una auténtica relación, pues si así fuera, serían entonces dos entidades separadas, unidas solamente por la conveniencia de tener al otro sólo si se necesita, o como un recurso para apaciguar la soledad.

En la nueva pareja ambas partes están satisfechas consigo mismas, no hay exigencias y no precisan del otro para su felicidad, también son honestas en lo que pueden complacer o no, pues en el amor no todo es necesariamente incondicional, sino que existen unos límites saludables para ambos, pues, en contra de lo que sostienen algunas creencias, no todo vale en el amor, ya que ninguno de los dos puede aceptar incondicionalmente acciones que vayan en contra de sus valores. Si crees que tu pareja te ofende, te degrada, no te valora, no te da el reconocimiento que mereces o simplemente te hace sentir incómoda, busca en el fondo la razón y aunque en muchas ocasiones malinterpretamos, escucha siempre tu intuición.

Los acuerdos y las bases de cómo nos relacionamos como pareja deben hacerse desde el principio de la relación y negociarse cada cierto tiempo, o cuando sea necesario. Ambos deben sentir la completa confianza de expresar y comunicar su realidad del momento sin miedos y sin temor a perder al otro, pues la vida es un constante cambio.

SOBRE EL AMOR INCONDICIONAL

El amor real se regocija por la mera felicidad y existencia del otro, pero nunca a costa de la propia, pues se entiende que el otro también se ama a sí mismo, tiene su propia dignidad y valor. Por otro lado el silencio por castigo, el maltrato físico o emocional, la lujuria, la adicción a las drogas, el alcoholismo, el juego adictivo, el sexo insano, el egocentrismo, la infidelidad, la mentira, la humillación y la falta de admiración y respeto por uno mismo y por el otro nunca son negociables. Por esta razón, algunas parejas no deben durar para siempre.

«El amor verdadero busca todas las maneras
para compartirlo, en cambio la lujuria sólo busca
todas las maneras para obtenerlo».
PADRE «BERNIE», BERNARD LIGORIA

«Ama a tu prójimo como a ti mismo» pero observa bien: no lo ames más que a ti mismo, pues cuando Jesús dice: «ama a tu prójimo como a ti mismo» se sobreentiende que para amar a otro debes tener la capacidad de amarte a ti mismo primero, y que vas a amar al otro, sí, de la misma forma, pero no más que a ti mismo.

La creencia de que hay que estar juntos para siempre es responsable de matrimonios y parejas que continúan juntos aceptando infelicidad y maltrato por el miedo al qué dirán, por perder la seguridad material, por temor a estar solos, por la familia o por imposiciones externas. Estas parejas que no se separan por miedo en la mayoría de las ocasiones tienen otros escapes, como la infidelidad.

La infidelidad es una mentira, una falta a un acuerdo, puede ocurrir de parte de ambos sexos, por insatisfacción propia, por problemas en la relación, por falta de amor, por lujuria o simplemente por egocentrismo. Cuando engañamos a la persona a nuestro lado, nos engañamos a nosotros mismos, esto sucede por una creencia falsa, por despecho, soledad, insatisfacción propia, o por miedo a expresar lo que realmente sentimos y porque a veces no nos atrevemos a tomar decisiones en contra de la sociedad.

Otras veces la infidelidad se produce por la creencia falsa de que el hombre es naturalmente infiel, y por lo tanto es una conducta aceptada en algunas sociedades, incluso por las mismas mujeres, sin embargo estos mismos hombres no serían capaces de aceptar ese mismo comportamiento de infidelidad de parte de sus mujeres. Cabe aclarar que la infidelidad no es un derecho para ninguno de los dos sexos, es una actitud incongruente en una relación amorosa basada en la integridad.

El amor y la fidelidad en la pareja se acompañan con la voluntad y la verdad, por eso es mejor una corta pero auténtica relación de amor, que un largo matrimonio sin compromiso, amor, ni lealtad.

No aceptes lo inaceptable sin cuestionamientos y no te prives de la oportunidad saludable de renegociar los términos ideales para que tu relación funcione y se recicle con el paso del tiempo.

Existen otros casos en que algunas personas llegan a un acuerdo de completa libertad sentimental, donde ambos miembros son libres de tener otras parejas. Sin embargo, en este tipo de relación, pocas veces se llega al máximo potencial de una auténtica intimidad. Más bien, la relación se convierte en una transacción egocéntrica, conveniente y con beneficios físicos, emocionales o materiales, donde uno de los dos, o los dos irremediablemente, saldrán perjudicados. La relación entre un hombre y una mujer es sagrada. Es por eso que ese ser que escoges como compañero de vida no es un premio, ni un trofeo para exhibir ni para poseer, ni para apaciguar la soledad, ni para sentirte seguro, ni para que te sirva, ni para cumplir con lo que la sociedad espera; es la unión entre dos seres totalmente íntegros, conscientes, independientes y auténticos; quienes deciden unirse con un fin común o individual de amor, de crecimiento espiritual, de realización, de servicio, de disfrute de la vida y que, además de brindar apoyo espiritual a su familia, también brindan ayuda a los demás por medio de sus dones compartidos o individuales.

Para encontrar a tu pareja, debes esforzarte por tener las cualidades que esperas ver en el otro al mismo tiempo que agradeces, bendices y afirmas su llegada. En realidad el anhelo de ese amor incondicional es un reflejo del deseo que sentimos de regresar a nuestra fuente originaria. Como un bebé ansía los brazos de su madre, de la misma forma, todos ansiamos regresar a los brazos de la Gran Madre Universal.

CAPÍTULO 16

LA FAMILIA

En el pasado, la pareja sólo se dedicaba a su propia familia y a sus necesidades, y las demás personas eran consideradas extraños. Sin embargo, en este nuevo ciclo la nueva familia abarcará todos los seres humanos, o sea todas las personas del planeta constituirán una única y enorme familia con vínculos universales. En esta nueva visión de la familia, la mujer brillará con los atributos naturales de su género: su intuición, visualización, imaginación, compasión, visión del futuro, capacidad de nutrir, sabiduría interior y dulzura. Mientras que el hombre dará muestra de su lógica, estrategia, fuerza, habilidad y capacidad para poner en acción y materializar grandes ideas. Hombre y mujer remarán en la misma dirección, siempre cooperando y garantizando el bien común y del otro, respetando la autonomía, la libertad y la dignidad de la pareja.

LOS NIÑOS

Cuando nacemos somos todo amor, vivimos en un eterno presente y no existe ninguna separación. Los bebés se sienten parte del todo y cuando están en los brazos de su madre no sienten ser una entidad separada de ella, son simplemente una extensión suya, pues viven y se alimentan de la unidad con su madre.

Cuando somos bebés nos dedicamos sólo al ser, y somos verdaderamente nosotros mismos en total autenticidad. El amor se sobrentiende. Así nacemos, siendo todo amor.

Sin embargo, en la mayoría de los casos, las personas olvidan la sabiduría de la naturaleza. El mismo proceso del parto, por ejemplo, en muchas ocasiones es vivido sin conciencia, sin darse cuenta de que es, sin duda, el momento más mágico del ser humano. Romper el vínculo natural entre mamá y bebé durante el parto significa olvidar que ese bebé no es sólo un bebé, es un alma hecha y derecha que ha accedido a nacer para llevar a cabo su misión en la Tierra. Tampoco su cuerpecito es un manojo de reflejos, sino un cuerpo que siente, llora y tiene memoria.

El proceso del parto puede ser traumático para mamá y bebé si no se siguen las sencillas pautas de la naturaleza; un nacimiento natural, sin intervenciones innecesarias en lo posible; con amor, tiempo para la mamá, apoyo, seguridad y, sobre todo, reverencia.

Reemplazar los abrazos por mantas, la leche materna por leche artificial... tiene consecuencias nefastas para la salud emocional y física del niño, pues el ser humano es la creación más sofisticada del planeta y su diseño, por consiguiente, es perfecto. No pongamos en riesgo nuestra supervivencia destruyendo el mecanismo perfecto para dar y cuidar la Vida.

En la vida práctica: El nacimiento

A la hora del parto es importante no separar al infante de la madre, la primera hora debe ser todo contacto piel a piel, porque es cuando química y espiritualmente se forma el vínculo afectivo, por medio de todos los sentidos del bebé.

La lactancia es la experiencia más bella del nacimiento, dado que consiste en nutrir al bebé en todas sus formas. Es el diseño natural. La leche materna de ninguna manera debe ser sustituida por leche de vaca, química o leche en polvo, por más sofisticada que parezca. En ningún caso se trata de un avance en nuestro nivel de vida, y resulta urgente para la supervivencia saludable de nuestra especie regresar a la única opción recomendable: la lactancia materna.

Ya no es drástico pensar que en un momento de emergencia, como en los tiempos que estamos viviendo, exista la posibilidad que escasee el alimento, ya sea por guerras o por eventos naturales. En este caso las madres que estén lactando tendrían el doble de probabilidad de supervivencia para ellas y para su bebé, pues su alimento estaría disponible siempre. Aunque una madre se encuentre en estado de desnutrición, durante una emergencia, estaría en capacidad para continuar alimentando a su bebé y los de otros, pues es su naturaleza y la supervivencia es la prioridad de la especie.

UNA BUENA CRIANZA HASTA LOS SIETE AÑOS

Hasta los siete años, los niños viven en un mundo de ensueño y están aún conectados indisolublemente a su parte divina; ven el mundo a través de su imaginación, un proceso muy diferente al de los mayores y es un error sacarlos de ese estado para traerlos a nuestra realidad de adultos por medio de un sobreesfuerzo intelectual prematuro. Más tarde, al cumplir los siete años se puede comenzar la educación propiamente dicha.

Es en esta etapa en la que el niño aprende por imitación. Es aconsejable fomentar el arte y la música, además del juego imaginativo libre (sin necesidad de televisión, juegos electrónicos o libros ilustrados). Éste es el preludio del desarrollo de la poderosa herramienta de la imaginación, gracias a la cual el niño podrá aprender a visualizar y materializar sueños en su futuro de adulto.

En esta etapa, los padres podrán utilizar la narración como complemento en la educación; contando historias y fábulas se pueden reforzar valores. En particular recomiendo inspirarse en las fábulas de Esopo, que muestran de manera fácil y divertida cómo aplicar los principios éticos. Gracias a la moraleja de estas historias se aprenden grandes lecciones, no solamente de las decisiones que toman sus personajes, sino de las consecuencias irremediables que éstas tienen en sus vidas. También debemos fomentar la seguridad emocional del niño, implementando una disciplina y una rutina que respete sus horas de comida, juego y sueño. Los juguetes pueden ser simples como trozos de madera, telas y muñecas artesanales. La imaginación del niño hará el resto hasta convertir una simple tela en disfraz, una madera en barco, etc. También debemos permitirles la observación o inmersión en la naturaleza, sin interrumpirlos y sin darles en ese momento una explicación intelectual sobre ella, simplemente debemos dejar que experimenten y descubran su nuevo medio ambiente por sí mismos, por su propia iniciativa.

En conclusión, es así de simple: debemos permitir que los niños sean niños. Luego en la adolescencia, los niños irán en busca de su propia identidad y de la justicia, y será el momento perfecto para que los padres les guíen en el encuentro con su verdadero propósito, a través de narraciones sobre la vida de los héroes de la humanidad y sus altos ideales para el bien del planeta.

El adolescente cree en todo y en todos; es muy vulnerable, por eso puede ser fácil víctima de falsos mentores. En este ciclo se deben fomentar las lecciones sobre el bien y el mal. Los padres no deben sentirse culpables por investigar e intervenir a la hora de erradicar una mala influencia o una situación de peligro. En esta etapa es aconsejable acercarse más que nunca al mundo de los hijos; abrir los ojos, estar alerta a quién y a qué mensajes están expuestos, pues hoy, como en ninguna otra época, el mal está a su alcance, en particular a través de la música y la libre tecnología. Sin duda, orar junto a tus hijos y mostrarles cómo vivir en la conexión con Dios, es la mejor protección que puedes brindarles.

LA DISCIPLINA CON AMOR

Rosa Barocio, autora del libro *Disciplina con amor*, nos alerta diciendo que los padres actuales están cometiendo el grave error de evadir la disciplina por completo, huyendo quizás del modelo de sus propios padres, quienes tal vez les trataron demasiado duramente durante su infancia. También el miedo al rechazo de sus hijos y el sentimiento de culpabilidad por no dedicarles el tiempo necesario pueden originar la mala elección de obviar la disciplina.

Es un error tanto ser padres permisivos como ser disciplinados en exceso, aunque nunca podemos perder de vista el camino del orden, el respeto y la supervisión, pues es la mejor manera de inculcar en los niños el patrón para que sigan las reglas del hogar y respeten su entorno.

El niño debe ser objeto de nuestra atención y amor, pero no de una preocupación excesiva. Es importante también no brindarles todo lo que quieran cuando lo pidan, ya que esto provocaría todo lo contrario a lo que nos proponemos: adultos egocéntricos, adictos a la atención y a la satisfacción instantánea, incapacidad para seguir las reglas, esperar o controlar sus propios impulsos y emociones.

Los niños deben ser parte integral de la familia, pero no el punto central de una atención desmedida. Los extremos siempre son negativos, tanto el exceso de atención como la falta completa de ella.

TUS SERES QUERIDOS

Si te sientes diferente a tu familia, si piensas que hubo un error a la hora de tu nacimiento, no estás solo en tu sentir. Aunque no lo parezca, tu familia fue escogida para ti por el Plan Maestro, como un campo de entrenamiento intenso, como una preparación para tu verdadero propósito. En ese ambiente todo lo que piensas sobre ti mismo se puso a prueba, de acuerdo a tu propósito y sus lecciones. Tu familia es, sin duda, la familia ideal, escogida para tu aprendizaje. No hay error. Por otro lado, si no tienes familia, si no conociste ni a tu madre ni a tu padre, si te crió tu abuela, si tienes padres adoptivos o si no pudiste disfrutar de unos padres biológicos amorosos, recuerda que cualquiera de estos escenarios es ideal para tu lección personal; lo importante es que lo aceptes como tal.

Nacemos en grupos de almas y debemos aceptarlo y estar agradecidos por la familia que nos ha tocado, sea cual sea. Lo que no debemos hacer es aceptar cualquier tipo de maltrato permanente; la culpa a veces nos lleva a tomar decisiones equivocadas en cuanto a nuestra familia. Honrar al padre y a la madre significa asumir que se tiene un contrato de responsabilidad y respeto, pero no significa aceptar todo lo que ellos dicen como cierto. Le debes respeto y lealtad a tu familia, pero no tienes que seguir necesariamente sus creencias equivocadas, ni repetir sus patrones negativos, ni abusos de ninguna clase. En ese caso, en algún momento debes alzar el vuelo y tomar tus propias decisiones. Los padres tienen su rol como guía hasta los veintiún años. A partir de esta fecha la relación y la guía continúan, pero con el debido respeto a los hijos y a su independencia.

La familia idealmente debe permanecer unida, debe ser tu puerto seguro y tu referencia, siempre y cuando ésta te brinde paz y exista respeto por ambas partes, pues aunque el mandamiento dice «Honra a tu padre y a tu madre», como sucede en tus relaciones de pareja, no tienes que someterte a abusos ni maltratos de parte de ningún ser humano, incluyendo tu familia. En este tiempo existen muchos tipos de familia y no podemos aferrarnos a una imagen ideal, dado que lo real es suficiente para nuestro aprendizaje. Lo importante es la responsabilidad adquirida y saber responder con integridad a nuestra situación familiar individual real sin fantasías. A veces pensamos que la familia de otras personas es la ideal, cuando la realidad es otra. Muchas veces las apariencias engañan, no te empeñes en que tu familia parezca perfecta, no es necesario: con ser como es resulta suficiente.

También es importante que observes que junto a tu familia se forjaron la mayoría de tus creencias sobre ti mismo, los demás y la vida en general, tanto las negativas como las positivas. Es necesario e imperativo tomarse un tiempo para revisarlas. Esta revisión se realizará siempre mostrando tolerancia hacia los diferentes miembros de la familia.

Para practicar la tolerancia tan sólo debes respetar a las personas diferentes a ti y mantenerte lejos del odio y el prejuicio. Es muy posible que en tu familia existan personas con creencias y costumbres distintas a las tuyas, es normal y enriquecedor. Simplemente acéptalo, sin proponerte asumir o cambiar las creencias de otros.

En el seno de tu familia, también es probable que alguien muestre las cualidades necesarias para tu propósito, quizás tu tío te inspiró para ser músico, tu abuela para ser pintora, o quizás de tu padre hayas heredado unas manos milagrosas para ser cirujano. En los tiempos antiguos, las profesiones se heredaban de generación en generación, creando un profesional que trabajaba con más calidad y con conocimientos renovados con cada nuevo hijo. Pero no siempre es así, la opinión equivocada de un padre sobre la profesión que deberías ejercer puede hacerte caminar a lo largo de toda tu vida por un sendero errado. Quizás querías trabajar con niños y terminaste siendo abogado o quizás estás administrando el negocio de tu padre, porque era su sueño, sólo que nunca fue el tuyo. Es importante recordar que somos libres y nunca es tarde para retomar el rumbo deseado.

De la misma manera, necesitas revisar antiguos rencores. Si te has alejado de tu familia, es hora de enmendar las diferencias. La mayoría de las personas tienen situaciones pendientes por resolver con algún miembro de la familia. ¿No crees que ya es tiempo de perdonar a tu padre por haber abandonado a tu madre? ¿No crees que ya es tiempo de dejar de castigar con tu indiferencia a un pariente por su mal hacer en el pasado?

No importa la falta, las personas hacen lo mejor que pueden con las herramientas que disponen, con su grado de evolución, con su conciencia, y con su propio bagaje personal. Si decides al fin preguntar por la niñez de ese familiar que cometió la falta hacia ti, te darás cuenta de que su actuación, quedando inaceptable, es por otro lado justificable y comprensible. Para dejar ir una situación familiar traumática te recomiendo la práctica de la técnica del perdón.

LOS AMIGOS, COMPAÑEROS DE CICLOS

Si bien Dios escoge nuestra familia, los amigos son la familia que nosotros escogemos, para acompañarnos en cierto momento y en cierto lugar. Por lo tanto, es importante realizar con conciencia esta elección.

Existen amigos de por vida, otros que nos acompañan sólo durante un tiempo. Siempre vienen a ayudarnos en el camino, o para que les ayudemos, ya sea en una transición o en un proyecto de vida.

Se dice que existen muy pocos amigos verdaderos porque muchas veces las amistades se confunden con relaciones de negocios, conocidos bajo distintas agendas o con una amistad que hemos logrado para un fin específico. Cuando una amistad no es sincera, al alcanzar su fin, la amistad habrá terminado.

Algunos amigos están ahí para guiarnos, pero otros para confundirnos y hacernos más fuertes, otros para enseñarnos a dar, otros para enseñarnos a recibir; otros vienen para enseñarnos a confiar y otros para enseñarnos a discernir. Hay amigos que nos enseñan a perdonar, sin embargo, hay otros que vienen a perdonarnos. Otros amigos muy queridos tienen distintos tiempos de evolución, por eso tenemos que tomar la dolorosa decisión de dejarlos ir, simplemente porque ya no son afines a nuestra nueva visión o a nuestros valores, y eso está bien, es parte del plan.

Existen, además, amigos más allá de la amistad, una especie de almas gemelas con los que hicimos un pacto en el cielo: «Acuérdate de mí cuando estemos en la tierra». Estos amigos pueden quererse más de lo que se quiere a la propia familia, no son comunes, pero hoy más que nunca estas personas vienen a ti para acompañarte y ser tu punto de apoyo y referencia en un mundo lleno de cambios. Pueden ayudarte a vivir, o acompañarte y asistirte en tu muerte. Esta clase de amigos tan especial se aman incondicionalmente los unos a los otros. Pertenecen a nuestro equipo de trabajo cósmico y nos guían en el logro de nuestro propósito durante un tiempo específico, nos ayudan a no perdernos en el camino, a crecer y mantener el norte.

Muchas veces, estos amigos viven experiencias paralelas a las nuestras, para que las lecciones sean compartidas y más fáciles de sobrellevar en el momento en que se viven. Nos acompañan, por ejemplo, tras un divorcio o una situación extrema, el nacimiento de un hijo o en el momento de una pérdida, y su único objetivo es compartir las experiencias. En estos casos, ellos también se habrán divorciado, estarán viviendo el duelo tras la muerte de un ser querido o habrán tenido un hijo. A veces se quedan largo tiempo, otras vienen y se van rápidamente; lo que sí es cierto es que siempre llegan en el momento más adecuado.

Cada vez que encuentres a una persona nueva, nunca le preguntes en qué trabaja o en qué lugar vive. Mejor pregúntale cuál es su sueño y descubre lo que los dos tenéis en común, ya que cualquier encuentro nunca es una casualidad.

«Todo encuentro casual es una cita».
JORGE LUIS BORGES

En la vida práctica: Reconexión con los amigos

Sin duda estamos siempre muy ocupados, pero es importante que cada día reserves unos minutos para agradecer a tus amigos; a los que estén cerca llámales y diles que los quieres; a los que estén lejos, envíales una postal bonita escrita con tu puño y letra, diles lo importantes que son para ti a pesar de la distancia. Para los que están en el cielo, enciende una vela y envíales una oración. Por otro lado, si tienes una deuda espiritual, contacta con ese amigo que no trataste como debías y si estás listo, deja ir los resentimientos del pasado. Por el medio que sea, por carta, por teléfono o por correo electrónico, hazle saber a esa persona que dejas ir cualquier deuda pendiente. Sin duda, tras dejar ir los rencores te sentirás mejor, mucho más ligero.

CAPÍTULO 17

¿CUÁL ES MI VERDADERO PROPÓSITO?

Si partimos de la premisa que la naturaleza es sabia, que todos nacemos con un plan perfecto y que llegamos al mundo equipados con todas las herramientas para lograrlo, entonces nuestro propósito, de forma natural, siempre estaría presente en nuestra vida. Por propósito entenderíamos todo aquello que hacemos natural y coherentemente con lo que somos, lo contrario sería empeñarnos en tratar de ser lo que no somos. Si el propósito de la gardenia es dar felicidad por medio de su perfume, ¿no es lógico que haya nacido con la habilidad de ofrecer toda su esencia? Todo se encuentra en perfecto equilibrio, pues a la flor que le falta el perfume probablemente le sobra el color.

TODOS TENEMOS UN DON

Todos tenemos un regalo. Este don en general se vislumbra temprano, quizás podamos recordar un destello a los cuatro o cinco años. Probablemente era nuestra actividad favorita y nos llenaba de felicidad y a los demás también. Un sabio decía que a los niños se les revela su verdadera misión a los doce años. Jesús se perdió en el templo a esta temprana edad mostrando su don de oratoria con los doctores de la ley, los filósofos de la época. La labor de los padres es estar en estado de alerta permanente para descubrir este don y brindar a sus hijos los medios para desarrollarlo. Sin embargo, muchas veces los mismos padres son el mayor obstáculo para el progreso de sus hijos, cuando se rigen por prejuicios y prestan más atención a lo que la sociedad espera que hagan los niños que a sus habilidades naturales. ¿Puedes imaginarte al padre de Mozart descuidando las habilidades musicales de su hijo?

Durante mi infancia, por ejemplo, me encantaba dibujar vestidos para mis amigas. Una vez adulta, tras estudiar una carrera que no me gustaba, dejé de escuchar los consejos de mi entorno y viajé a Nueva York para estudiar diseño. A partir de entonces, el diseño fue mi principal propósito y al desarrollarlo sentía que mi misión consistía en inspirar a otros por medio de la belleza. Igualmente, cuando era niña también me interesé por la filosofía y las ciencias ocultas, y leía a escondidas ciertos textos espirituales que mi sabia abuela guardaba celosamente. Más tarde paralelamente a mi profesión en el mundo de la moda, comencé a organizar conferencias para que los principales motivadores y maestros actuales pudieran compartir frente a un gran público su sabiduría. Hoy en día no ha mermado mi curiosidad por saber el porqué de las cosas, ni el deseo de compartirla. Tanto en la faceta de diseñadora de moda, como en la de escritora, motivadora u organizadora de eventos, mi propósito sigue siendo el mismo: compartir conocimientos y promover cambios personales y sociales.

Todos tenemos experiencias que marcan un rumbo, un mapa hacia nuestro propósito. Estas experiencias pueden llegar en cualquier momento, ya sea de niño o de adulto, creando en cada uno de nosotros una inmensa necesidad de crecer, de contestar nuestros interrogantes, de sanar y al mismo tiempo de ayudar y de compartir con otros, la sabiduría recibida tras cualquier lección.

Sin duda, la experiencia que más marcó mi vida y que me condujo a descubrir mi verdadero propósito fue el miedo, la desesperación y la frustración que sentí al tener que huir de un hogar disfuncional siendo aún muy jovencita. Igualmente, más adelante, inclusive tras la realización de muchos de mis sueños materiales, me di cuenta de que todavía me hacía falta algo más. A pesar de la fortuna, el amor, la familia y la aparente seguridad, todavía había algo en mi interior que no se satisfacía completamente. Incluso la pérdida de algunas de estas cosas me mostró que nada es permanente, y que verdaderamente no tenía todo el control sobre los acontecimientos que se producían en mi vida; que debía buscar la felicidad en un lugar más auténtico, en un lugar que no dependiera de algo fuera de mí, que no residiera ni en el éxito, ni en las personas, ni en las circunstancias, porque la dependencia de esas cosas ajenas a mí sólo me convertía en una prisionera que constantemente buscaba la aprobación o el amor de otros.

A pesar de todas las circunstancias adversas, el hecho de haber logrado encontrar mi propósito y la paz por medio de las herramientas que comparto en este libro es hoy en día mi mayor satisfacción y mi fuente de inspiración para continuar ayudando a otros a encontrar su propio camino.

LOS CICLOS DEL ALMA Y TU PROPÓSITO

El camino de encuentro que experimentamos a través de los Ciclos del Alma no es un viaje unidimensional, ni un camino recto, más bien es un sendero de múltiples dimensiones repletas de aparentes arranques, pausas, desvíos, regresos, retrasos y finalmente, avances en el camino, por que siempre al final del ciclo ocurre un cambio. Durante la travesía, revivimos las mismas lecciones una y otra vez, pero cada vez las percibimos de manera distinta; la lección puede ser más o menos profunda, de acuerdo a la conciencia del ciclo que estemos viviendo. Por eso, nunca debemos ser duros con nosotros mismos por repetir nuestros errores, ni frustrarnos por no haber aprendido totalmente una lección y caer de nuevo, pues nuestra alma llena de compasión y paciencia siempre nos brindará otra oportunidad con mayor conciencia para aprenderla.

Es por eso que la lección y el propósito se nos revelan en cada ciclo en una dimensión diferente, con un punto de vista distinto, siempre evolucionando. Tampoco llegamos a un destino específico, pues este recorrido a través del tiempo y los ciclos es una aventura, un gran viaje de descubrimiento y no un puerto seguro.

EL PROPÓSITO NO CAMBIA, PERO SÍ PUEDE CAMBIAR SU FORMA DE EXPRESARSE

Puedes tener diferentes ciclos en tu vida y, por consiguiente, tener diferentes oficios o profesiones, sin embargo el propósito puede seguir siendo el mismo. Tengo un buen amigo que hasta los 40 años escribió música y fue un famoso productor de televisión. Más tarde estudió psicología y terminó su doctorado convirtiéndose en un reconocido escritor de autoayuda. Estoy hablando de Dr. Alfred D. Herger, autor del libro *Yo voy a mí*. Sin duda, su propósito de motivar e inspirar a otras personas siempre fue el mismo, pero su forma de expresarse cambió con su experiencia, enriqueciéndose con sus nuevas vivencias.

Del mismo modo, mi profesión en la moda me acompañó hasta los treinta y seis años, terminando un ciclo de nueve años, con el nacimiento de mi hija, a la cual decidí dedicar todo mi tiempo durante su infancia. Nunca me arrepentiré de esta decisión. Durante este tiempo descubrí mi pasión por los niños y empecé a trabajar como voluntaria en UNICEF, otro canal para expresar mi propósito.

La clave de la felicidad es, sin duda, aprender a reinventarnos constantemente y ser muy flexible frente a los cambios. Todo tiene su tiempo.

Vivimos en etapas que deben completarse antes de pasar a la siguiente, si no logramos vivirlas de forma exhaustiva, tendremos que luchar con sus flecos en la siguiente ronda. Hoy este fenómeno es muy común y resulta frecuente ver a personas viviendo en una adolescencia eterna a pesar de sobrepasar los treinta años. No asumir responsabilidades y querer prolongar los ciclos innecesariamente provoca desequilibrios físicos y psicológicos.

NUESTRO PROPÓSITO EN ESTE NUEVO CICLO

El propósito en estos nuevos tiempos busca siempre el bien común. Todas las empresas y todas las actividades que utilicen sus talentos para fines personales y para satisfacer el egoísmo material de unos pocos están destinadas al fracaso. Las verdaderas motivaciones no se pueden disfrazar de altruismo gracias a costosas campañas de mercadeo y publicidad, nadie puede engañar a la Inteligencia Divina durante mucho tiempo, ya que el universo factura y cobra hasta que aprendamos la lección.

Es importante ser íntegro a la hora de ofrecer nuestros dones al planeta, ya que por medio de ellos podemos inspirar o destruir, llevar esperanza o desesperanza, fomentar el odio o la paz, la vida o la muerte. Un ejemplo muy claro de falta de integridad lo tenemos en las revistas femeninas que publican anuncios de cigarrillos a la vez que se disfrazan de baluarte del bienestar de la mujer. ¿Quién desconoce que fumar es una de las causas principales de cáncer?

Escribo todo esto para animar a la reflexión dado que somos responsables, tanto de lo que sabemos como de lo que no queremos saber, ya que las leyes universales, al igual que las físicas, funcionan de la misma manera para ambos casos; si cada acción tiene una consecuencia, cada efecto tiene su causa, y cada consecuencia, a su vez, tiene su estela de acontecimientos que la acompañan. La estela de la consecuencia puede persistir mucho tiempo después del hecho, puede ser positiva o negativa, y tener un corto o largo alcance.

Todos los resultados dependen de la intención de la acción original o causa, por eso es tan importante pensar en sus consecuencias antes de cualquier elección, ya que toda acción tiene su justo resultado. Un anuncio publicitario dañino dejará una estela de muerte y destrucción, sus consecuencias serán negativas por mucho tiempo y afectarán también a las generaciones venideras.

El no conocer la ley no nos exime de sus consecuencias.

UN JOVEN CON UN PROPÓSITO EQUIVOCADO

Hace años conocí a un joven en un avión y comenzamos una conversación. El muchacho, muy bien vestido y con vistosas prendas, parecía tener mucho dinero. Sin embargo, por alguna razón desconocida no se le veía completamente feliz, estaba muy nervioso.

Al conversar con él, tuve la intuición que se trataba de un narcotraficante, ya que, entre otras cosas, me comentó que admiraba a los narcotraficantes de su barrio porque «hacían más por los demás que los mismos políticos»; pero su tono cambió radicalmente cuando me mostró la foto de su hijo pequeño y me confirmó que era lo más importante para él. En este instante de nuestra charla su expresión se entristeció. En su interior sabía que nunca iba a ser capaz de decirle a su hijo a qué se dedicaba.

Ese joven sabía que su trabajo tenía consecuencias nefastas en la vida de miles de jóvenes y de sus familias. También sabía que siguiendo la ley de causa y efecto en algún momento tendría que derramar sus propias lágrimas por cada muerte que había causado. Sin duda, las lecciones le serían mostradas de diferentes formas hasta que se diera cuenta, sin quedarle la más mínima duda en su corazón, que nadie puede enriquecerse a costa de la infelicidad de otros. Durante dos horas hablamos de diferentes temas, intenté concentrarme en sus dones y hacerle ver que él también tenía cualidades, pues si las tenía para hacer negocios con drogas, asimismo las podría tener para hacer negocios con cualquier otro producto positivo para la humanidad. Cuando me despedí, invoqué a todos los ángeles para que le guiaran y protegieran a su familia y tuve la sensación de que aquella conversación había cambiado su vida para siempre.

LA BANCA ÉTICA

La energía que llega al planeta en esta época ya no tolera la falta de integridad y el egoísmo en las empresas. A medida que este nuevo ciclo del planeta avanza, vemos cómo grandes compañías, fábricas, bancos y farmacéuticas se derrumban, creando lo que ahora llamamos *crisis*, que no es otra cosa que una adaptación del universo a una nueva y mejor forma de vivir. Por ejemplo, toda aquella banca que en algún momento haya contribuido a endeudar o engañar a sus clientes, sin duda, se derrumbará.

La nueva banca, por el contrario, será una banca ética y ayudará a las personas más necesitadas y velará por invertir en causas justas, le mostrará a los nuevos clientes cómo manejar el dinero, cómo contribuir al desarrollo sostenible del planeta y se convertirá en un mentor para innumerables empresas grandes y pequeñas, que irán trabajando con el apoyo de la nueva banca ética para el bien de la humanidad.

LA LEY DE LA COMPENSACIÓN

En la actualidad cientos de miles de personas están perdiendo sus trabajos y sus negocios, lo cual no es otra cosa que el producto de la ley de compensación, expresándose en su máximo esplendor, pues según esta ley en el universo no se permite desperdicio, ya que todo se utiliza, todo se recicla, todo se transmuta para utilizarse de nuevo en otra forma. Si estás en un trabajo equivocado, donde tu propósito, tu talento y tus energías no están siendo aprovechados al máximo y para el bien común, este ciclo terminará para darte la posibilidad de avanzar hacia tu lugar ideal, pues *El Plan* te necesita. Tu talento y tu propósito son importantes. Busca en tu interior y verás cómo el cambio es, en realidad, una bendición.

La crisis actual no es otra cosa que los intentos de la balanza para equilibrar el mundo. No se puede retirar dinero indefinidamente de la cuenta de un banco, dado que en algún momento ya no habrá. Tampoco se puede abusar de la abundancia de la tierra sin causar su esterilidad; tampoco puedes desperdiciar tu energía sin reponerla, pues al final tu falta de energía creará la enfermedad.

Lo mismo ocurre con nuestro espíritu. Si no lo nutrimos por medio de buenos pensamientos, oraciones, meditación, naturaleza y servicio, de forma irremediable caerá en una bancarrota espiritual.

Si eres de los que han perdido algo en este momento, quédate tranquilo, no te afanes y sólo obsérvate, pues a pesar de la aparente quietud el péndulo continúa moviéndose. Si estás con Dios estarás siempre protegido y recuerda que quien ha sufrido tarde o temprano recibirá una alegría; quien ha perdido un negocio ganará tiempo con sus nietos; quien ha perdido a un ser querido recibirá la noticia de un nacimiento. Pues aunque la vida es un eterno cambio, lo que sí es completamente cierto es que nunca perderemos algo sin ser debidamente compensados a través de la ley de la compensación:

«Toda acción tiene una reacción
de la misma intensidad en sentido contrario».
ISAAC NEWTON

El universo funciona entrelazando su energía siempre trabajando para el bien mayor. La materia prima del universo no es de propiedad exclusiva. Imagina qué pasaría si una célula de tu cuerpo decidiera trabajar sólo para sí misma, sin tomar en cuenta el resto del cuerpo. Ésta, por su egoísmo, no compartiría su energía, ni su misión, por lo que se convirtiría rápidamente en una célula destructiva, o cancerosa, que muy pronto terminaría enfermando al propio medio que la mantiene viva.

Lo mismo ocurre con las personas cuando solamente piensan en su beneficio. Al robarle al gobierno te robas a ti mismo, al destruir el planeta, destruyes tu propia casa, y al no pagarle el sueldo justo a un empleado, te dañas a ti mismo, pues al no respetar los derechos de los otros, o al comprar un producto robado, o por medio de un comercio injusto, te estafas a ti mismo.

De la misma manera, al no utilizar tu propio talento también le quitas al mundo y a los demás la oportunidad de disfrutar de tu don.

Pues eres como esa célula, aparentemente pequeña e insignificante, pero única en su misión. Recuerda que el Todo no podría ser el Todo si no existieras tú y si no compartieras tu misión con los demás.

Es un error pensar que el hecho de encontrar el propósito siempre traerá fama, reconocimiento y éxito material, aunque a algunos sí les toca brindar su talento a gran escala. No hay nada malo en eso, tienes derecho a toda recompensa, pero ése no debe ser el fin principal. No obstante, si ésa es tu única intención, no importan los éxitos que alcances en la vida, sentirás un vacío y una constante insatisfacción.

Sin excepción, el verdadero y más alto propósito es tu despertar a través de la conexión con el verdadero plan que Dios tiene para ti. Elevar tu conciencia para lograr esa conexión con Su plan, será la única forma y el único medio por el cual puedes encontrarte a ti mismo. Antes de *tener*, primero hay que experimentar el *ser*, para luego *hacer* con la intención adecuada y al final *obtener* los frutos que corresponden. El verdadero propósito es diferente, cuando lo encuentres, lo compartirás con otros como un servicio, un placer, pero cuando lo pierdas sentirás un profundo vacío y una constante insatisfacción. La intención y la acción de ayudar a los demás por medio de tu regalo hacen que tu vida fluya, esté colmada de verdadero éxito y sea plena.

El mundo te necesita ahora más que nunca. No pierdas tiempo mirando la televisión o navegando en Internet, o quejándote del gobierno o de ese trabajo que no te gusta. Haz algo, arregla ese no sé qué que continuamente te incomoda y te persigue.

El silencio, la meditación, pasar tiempo a solas, la naturaleza, el observarte a ti mismo y el reflexionar te darán una pista de cómo y de qué forma utilizarás tu talento para ayudar a los demás. Lo más importante es preguntarle frecuentemente a Dios cómo puedes servir y ser útil a los demás.

El mundo está bendecido por los regalos y los dones de seres que nunca serán conocidos, algunos con muchas o pocas riquezas materiales, pero todos tienen en común que han logrado su misión en el anonimato.

Realmente no es importante el cargo que tengas: camarero, presidente o doctor. Lo importante es que expreses tu don con amor, que disfrutes de lo que hagas, que saborees cada momento y que nunca lo hagas por deber, ni para tu único beneficio o por reconocimiento.

¿CÓMO PUEDES RECONOCER A CIENCIA CIERTA CUÁL ES TU PROPÓSITO?

Algunos estudiosos afirman que a los 21 años alcanzamos pleno uso de razón. A esa edad puede caer el velo que cubre nuestro verdadero propósito. Quizás es por esto que los adolescentes están tan confundidos, buscando por todos los medios su *Yo real*. De no haber encontrado nuestro propósito para entonces, llegamos a los cuarenta o a los cincuenta años experimentando una profunda crisis de identidad. En la edad adulta encontrar nuestro verdadero propósito puede convertirse en una búsqueda, casi arqueológica, ya que muchas veces para encontrar esta verdad tenemos que buscar entre los fósiles olvidados de nuestras vidas, las huellas que revelen nuestro propósito original.

Afirma un estudioso de la espiritualidad que si sientes que es tu deber arreglar el mundo probablemente ése no sea tu verdadero propósito dado que el propósito nunca se manifiesta como un deber, sino como una necesidad inexplicable de compartir tus talentos y tus intereses.

DÓNDE BUSCAR Y CÓMO ENCONTRAR TU NORTE

Las aves saben que tienen que emigrar para no congelarse o morir de frío en el cambio de estación. Todos los años los pingüinos y las ballenas recorren una difícil y larga travesía a un lugar específico, para poder aparearse y procrear. Nosotros, por el contrario, la mayoría de las veces no tenemos la más mínima idea del camino a recorrer en nuestras vidas. El animal tiene instinto, un compás integrado, cuando llega el momento de moverse no lo puede evitar, el instinto es más grande que ninguna otra sensación. Los animales simplemente están conectados al plan de Dios. Y nosotros, ¿a qué estamos conectados? ¿Seguimos teniendo instintos o nuestros sentidos ya están totalmente atrofiados?

Nuestra voz interna nos habla con claridad en los primeros años de vida, pero con el tiempo, es muy posible que nuestros propios padres y la sociedad sin saberlo, la hicieron callar. Cuántas veces escuchamos a un joven decir que quiere ser pintor, escritor o acróbata y recibe por respuesta que los artistas se mueren de hambre y que mejor estudie una carrera y tenga un buen empleo. Asimismo, si estás disfrutando mucho con lo que haces, la sociedad etiqueta tu oficio como un pasatiempo y te hace dudar de ti mismo. Los medios de comunicación e Internet también pueden confundir tu norte, mostrando imágenes erróneas de lo que se espera de alguien exitoso.

A veces, parece que llegamos a nuestro norte por casualidad. Sin embargo al examinar de cerca nuestro recorrido, entendemos que todos aquellos caminos aparentemente equivocados y torcidos, nos llevaron finalmente a nuestro destino.

En la vida práctica: Cómo vivir tu propósito

Existen algunas preguntas que ejercen de guía hacia tu propósito:

- ¿Qué haces mejor que muchos otros y sin gran esfuerzo?
- ¿Para qué te buscan los demás?
- ¿En qué eres experto aunque no sea tu trabajo principal?
- ¿En qué eres extremadamente organizado?
- ¿Qué te gustaba hacer de niño?
- ¿Qué actividad puedes hacer durante horas sin que te des cuenta de que pasa el tiempo? ¿Qué trabajo harías aunque no te pagaran un sueldo?
- ¿Qué experiencia de adulto o de niño marcó tu vida?

- Si tuvieras todo el dinero y el tiempo del mundo, ¿qué harías?
- Si tuvieras la oportunidad de tener otra vida y estar solo en un lugar donde nadie te conozca, ¿qué harías?
- Si te quedaran sólo cinco años para vivir, ¿qué harías en ese tiempo?

Tu propósito es un pacto que has hecho en el cielo, la razón que da sentido a tu vida, la excusa perfecta para llegar a amar (ser), perdonar y servir (hacer) que te llevará a dar y recibir amor, agradecer y disfrutar plenamente todos tus ciclos, sean placenteros o no (el verdadero tener).

TERCERA PARTE

LAS REGLAS DEL JUEGO

Como es arriba, es abajo; así está establecido el orden en el universo. Cabe pensar, entonces, que para los seres humanos, como parte integrante del universo, rija el mismo orden. Nuestro organismo, según la medicina china, también se regula por un orden establecido que determina una rutina específica para sus diferentes funciones, exactamente del mismo modo en que el reloj biológico en el cerebro determina las horas del sueño, las comidas, etc. Las personas son muy sensibles a cualquier alteración en su ritmo de vida habitual; cuando esto sucede se crea un desfase entre el ciclo y el ritmo vital. Estas alteraciones que originan trastornos de diferente índole, pueden producirse al estudiar y trabajar en exceso o viajando a países con distinto horario.

Nuestro corazón también tiene su ritmo y ciclo. Si nos dejamos llevar por las emociones, podemos crear arritmias graves, y provocar que el ciclo se separe de su ritmo. En el caso de la mujer queda manifiesto que las fuertes emociones también pueden sacarla de su ritmo y su ciclo femenino de 28 días. La menstruación puede atrasarse, adelantarse o detenerse por completo cuando la mujer está alterada o en desequilibrio. El Ayurveda, antigua ciencia natural de la India, sostiene que el hombre que consigue regular sus ciclos respiratorios puede regular también su ciclo de vida y alcanzar la longevidad.

Los ciclos de los astros nos afectan, igual que los ciclos de la luna afectan a las mareas y nuestras emociones. La astrología, la numerología y la geometría sagrada tratan de explicar los tiempos de estos fenómenos, pero la información de la que disponemos es muy confusa, ya que a través del tiempo nuestros calendarios han sido alterados arbitrariamente.

En realidad, todo ocurre por medio de un perfecto orden matemático hasta cierto punto predecible. Existen ciclos predecibles en la naturaleza, como las finanzas, las culturas, y el cosmos. La ley de sincronía y la casualidad son en realidad eventos naturales no comprendidos. Aunque no puede haber predicciones absolutas en los ciclos, como el tan temido fin de los tiempos, tenemos el poder de influir colectivamente en ese resultado final de la realidad, de acuerdo a las intenciones de nuestras elecciones; sean basadas en el ego o sigan el orden celestial.

CAPÍTULO 18

LA VIDA SE VIVE EN CICLOS

¿Pueden las almas transformarse y vivir los diferentes ciclos y capítulos de una vida que siempre está en cambio? Definitivamente, es posible pero requiere conciencia. Los ciclos se mueven en forma de espiral; al terminar un capítulo rápidamente comienza otro, que profundiza en la lección anterior. Entre un ciclo y otro siempre hay un grado de cambio aunque sea apenas perceptible.

ATRAVESANDO LOS CICLOS

No todas las personas viven los ciclos al mismo ritmo, pues en la rueda de la vida no hay reglas, ni tiempo, ni edad. Habrá quien viva en un aparente eterno ciclo, mientras otros pasan de un ciclo a otro constantemente. También habrá personas que comiencen un ciclo unos años antes y otras que terminen unos años después.

Todos somos diferentes, pues igual hay un eterno anciano, como un niño fugaz, un monje perpetuo, o un rebelde sin tiempo. Sólo tú decides si deseas vivir solo o acompañado, ser activo o pasivo. Las edades pueden variar, pero lo que no cambia es el ritmo del universo, el cual inhala y exhala, se expande y se contrae, nace y muere, duerme y despierta a un compás constante. De la misma forma en el Génesis se describen cómo los periodos de creación y descanso de Dios se suceden a un ritmo constante que se repite una y otra vez a través del tiempo.

CICLOS DE NUEVE AÑOS

Los seres humanos vivimos diferentes etapas, que a su vez se organizan en ciclos de nueve años. Al finalizar cada ciclo de nueve años experimentamos un gran cambio.

Las etapas comienzan desde los nueve años, continuando a los dieciocho, a los veintisiete, a los treinta y seis años, los cuarenta y cinco años y así sucesivamente. Cada ciclo marca un nuevo tiempo, un nuevo despertar que nos trae nuevas lecciones por aprender. Este aprendizaje es diferente en cada persona y cuando llegas a la edad que marca un nuevo ciclo acostumbra a haber un alto en el camino, una señal que te alerta de que se van a producir grandes cambios. Cuando se cumple un ciclo de nueve años, terminan las condiciones que te mantenían atado al ciclo anterior y se presentan nuevas situaciones o retos para tu desarrollo espiritual.

A partir de ahora, presta más atención a tu edad y a la de las personas de tu entorno para comprobar tú mismo el poder de estos momentos decisivos de cambio, intersecciones importantes en el camino del crecimiento. Por lo general, estas edades vienen acompañadas de un nuevo aire, nuevas ideas o de unos deseos inexplicables de moverte de lugar, de cambiar de trabajo, o quizás de descansar, en fin, de rectificar el rumbo y así comenzar a experimentar estos importantes periodos de cambio. Vivimos nuestras vidas en capítulos, cada una de estas edades abarcan una nueva etapa de tu historia que comienza y otra que se acaba. Si logras pasar página, el nuevo ciclo te recibirá con los brazos abiertos con nuevas ideas, nuevas amistades, nuevos lugares, nuevos proyectos, nuevos retos y nuevas responsabilidades.

La vida y el universo evolucionan por medio de un patrón similar: idea, nacimiento, crecimiento, cúspide, descenso, muerte y transformación. Es como el paso de las estaciones: la primavera da paso al verano, el verano al otoño y el otoño al invierno, para luego comenzar de nuevo.

Si no observamos los ciclos y las estaciones de nuestras vidas podemos encontramos con conflictos. Si estás en un año donde sientes que tus proyectos no avanzan, quizás sea tiempo de reevaluar, descansar y crear nuevos planes. Si siembras en invierno, tu fruto morirá antes de nacer. Por el contrario, si tienes un año lleno de acción y no aprovechas las oportunidades podrías perder el ritmo y la oportunidad de cosechar luego. Si no siembras en primavera no tendrás cosecha en otoño.

LOS CICLOS DE NUESTROS HIJOS, LOS PRIMEROS AÑOS

Los niños, como los adultos, también viven en ciclos. De acuerdo a Rudolph Steiner, filósofo austriaco fundador del sistema de educación Waldorf, durante los primeros siete años de vida los niños viven en un mundo de ensueño, donde uno de los enfoques de su educación debe ser el desarrollo de la imaginación que, sin duda, es una de nuestras herramientas más poderosas. Pues es por medio de la imaginación que traemos a la realidad los sueños desde lo invisible a lo tangible, desde el mundo de Dios a nuestro mundo terrenal; sin embargo, en la mayoría de los casos los padres priman la intelectualidad, la escolarización prematura, el uso precoz de la memoria, la lectura demasiado temprana, la competencia y el uso desmedido de la televisión y los juegos electrónicos, que no dejan espacio alguno para la imaginación.

La imaginación es la capacidad de soñar vívidamente y a todo color con una realidad hasta casi creerla cierta. La imaginación bien empleada en la infancia nos garantiza en la edad adulta seguir disfrutando de la habilidad para inventar soluciones y crear el futuro. En esta etapa también debe utilizarse la energía del niño para desarrollar el amor por la naturaleza y permitirle el juego sin una dirección definida, o sea juegos que no sean dirigidos por adultos o juegos organizados, en otras palabras, dejar que el niño juegue utilizando su propia imaginación como lo hace naturalmente.

Antes de los nueve años, el niño llega a la mayoría de las conclusiones que le acompañarán durante toda su vida, pues desarrolla sus capacidades por medio de la imitación y el ejemplo. No son las lecciones que le enseñan en la escuela lo que cuenta, lo realmente importante son las lecciones silenciosas que le dan las personas a su alrededor por medio de sus acciones. En estos años comienzan los prejuicios o modelos a seguir, basta una mirada despectiva a una persona de otra raza, o una pequeña mentira en una tienda de comestibles, asistir al acoso verbal o estar rodeado de personas agresivas o demasiado dóciles para forjar adultos desequilibrados que repiten nefastos patrones familiares.

DE LOS 9 AÑOS EN ADELANTE

El gran cambio en un niño tiene lugar a los nueve años, cuando el niño abandona el mundo de ensueño y comienza a ver las cosas terrenales tal como son realmente. Así como en la primera infancia, imitación y ejemplo eran primordiales, de la misma manera, a partir de los 9 años son imprescindibles la emulación y la autoridad. No la autoridad que se basa en la fuerza, sino la que emana del respeto, aquella que el niño acepta por instinto natural y que le servirá para forjar su conciencia moral, sus hábitos e inclinaciones y para encauzar su temperamento. El niño observa el mundo a través de los ojos de su mentor. A estas autoridades vivas como lo son los maestros, los padres, los abuelos, o todas aquellas personas que representan para el niño la fuerza moral e intelectual, han de añadirse los personajes notables de la historia, las biografías de grandes hombres y mujeres que deberán determinar la conciencia del futuro. La belleza también supone una fuente de inspiración en el niño, tanto la belleza de la naturaleza, como la apreciación de los colores, de una pieza musical, de las flores y del orden de las cosas. En este ciclo debemos conseguir que la belleza interior del niño surja espontáneamente, y no debemos tratar de avasallarle con demasiada información.

LOS «SOÑADORES», HASTA LOS 18 AÑOS

Los adolescentes son independientes y rebeldes; es a esa edad cuando se vive la ilusión de separación y comienza desesperadamente la búsqueda de la propia identidad y del amor verdadero. El adolescente es intenso, inmaduro y volátil, pero a la vez inocente, lleno de magia y fantasía. Para un adolescente todo es posible y, mientras crea grandes sueños, descubre rápidamente el sabor agridulce de la desilusión. Cuando esto ocurre, el adolescente se siente morir, pensando que es el fin del mundo, cuando en realidad es el comienzo de un nuevo ciclo vital. Los adolescentes se entregan en la lucha de poder con interminables argumentos. Es por medio de estos juegos de palabras que se entrenan para convertirse en personas adultas, enfrentando los conflictos y poniendo a prueba la nueva identidad enfrentándose a sus padres, su primera batalla por la independencia. En realidad se trata de conflictos necesarios que se convierten en piezas indispensables en su ensayo de vida futura.

LOS «DESAMPARADOS», AL CUMPLIR LOS 18 AÑOS

Tras cumplir los 18 años, el joven se siente huérfano y desamparado. Lejos del nido de los padres, los muchachos andan sin rumbo en busca de un amor que lo sustituya. Es muy común en este ciclo atraer una relación similar a la que vimos en nuestro hogar, recreando una pareja o una situación que nos recuerde a nuestros padres, inconscientemente repitiendo los mismos patrones de conducta que nos fueron familiares;

un padre alcohólico o controlador, una madre dominante o sobreprotectora; o bien puedes ser tú mismo quien se convierta en uno de tus padres. En este ciclo, el joven puede mostrarse egoísta porque al mismo tiempo se encuentra demasiado ocupado y ensimismado para dar aunque sí espera recibir, pues en este periodo su enfoque está en el ego.

Con la mayoría de edad entra en juego también la razón y la búsqueda del propio propósito. Las decepciones y las frustraciones no faltan, las experiencias y las personas no siempre reaccionan como esperamos. No somos tan poderosos como pensábamos. Debido a una forma de crianza que promueve la gratificación instantánea, muchos jóvenes viven continuas desilusiones, dado que fuera del nido la vida ya no es de color rosa.

Si se tiene un éxito prematuro en esta edad, es posible que no satisfaga, pues nuestras almas todavía no han aprendido que la plenitud no viene del exterior.

LOS «CONQUISTADORES», AL CUMPLIR LOS 27 AÑOS

De los 27 años en adelante, ya recorremos un camino definido, una dirección bien marcada hacia donde dirigirnos, aunque no siempre coincide con nuestra verdadera misión. Vamos a la carga con todas nuestras fuerzas, como Don Quijote en su lucha contra los molinos de viento; somos como los conquistadores que luchan por descubrir y alcanzar sus metas. Esta época se reconoce por la acción y el trabajo constante. Sentimos la necesidad de aprobación, de probarnos a nosotros mismos y ostentamos nuestros logros y nuestros éxitos a través de los bienes materiales que acumulamos.

Durante esta etapa tan centrada en el trabajo usualmente buscamos socios o aliados para lograr nuestras metas. En esta época, tan diferente a todas las demás, deseamos también una pareja que nos acompañe para experimentar juntos todo lo que hemos aprendido.

LOS «EXPLORADORES», DESPUÉS DE CUMPLIR LOS 36 AÑOS

Cerca de los 40 años, comienza una época de reflexión y de pausa, aunque no sea física. Es cuando, debido principalmente a un sentimiento constante de insatisfacción, comenzamos a analizar nuestras vidas, a cuestionarnos si realmente vamos por el camino correcto o si hemos logrado nuestros sueños. En esta etapa se desarrolla la búsqueda de nuestro verdadero ser. Nos embarcamos en un viaje de autoconocimiento, en donde nos preguntamos si verdaderamente nuestra vida ha valido la pena, si nuestro propósito se ha cumplido. El enfoque ahora está en los otros. Nos cuestionamos qué debemos hacer realmente por nuestra familia y por los demás, y comenzamos de nuevo.

Esta época puede convertirse en una verdadera montaña rusa, repleta de cambios, comienzos inestables, despegues falsos, logros y rupturas. Se trata de una nueva y breve adolescencia. Cambiamos nuestra forma de vestir, renovamos nuestros coches, elegimos un nuevo entorno, convencidos de que se trata de nuestra última oportunidad para reencontrarnos y vivir de nuevo.

Cerca de los 50 años, al final del ciclo, seguramente nuestros hijos ya despegaron el vuelo y nuestro hogar se habrá quedado vacío. Esta ausencia nos mostrará claramente que la vida es corta y que la riqueza más valiosa que tenemos es el tiempo, es entonces cuando comenzamos a disfrutar verdaderamente del ahora.

LOS «SABIOS», DESDE LOS 54 AÑOS

A esa edad comienza el ciclo de la sabiduría, provocado en general por algún acontecimiento importante. A partir de los 54 años, comenzamos a entender que no somos lo que hacemos, ni lo que tenemos, que más bien somos el conjunto de nuestras vivencias, el resultado de lo que sembramos, de lo que amamos, de lo que dimos y recibimos; pero comprendemos asimismo que somos fruto de lo que no dimos, ni vivimos. Durante esta etapa tiene lugar el proceso de aceptación de cómo hemos vivido realmente, junto a nuestras virtudes, defectos y fracasos, ya que hemos llegado a la conclusión de que en la vida es mejor ser quienes somos, y que debemos vivirla aceptando lo bueno y lo malo, sin necesidad de dar explicaciones o confundirnos con falsas apariencias. Por fin llegamos a aceptar la vida que no elegimos a cambio de disfrutar y agradecer la vida que tenemos. En esta época reflexionamos más profundamente sobre el verdadero sentido de la vida y de lo que realmente es importante para nosotros.

Nuestros hijos ya tienen su propia vida, pero ya no nos lamentamos de su partida. Todo lo que no fue o lo que pudo ser ya tiene su razón de ser en nuestra comprensión, por eso disponemos de más tiempo para hacer las cosas triviales que siempre quisimos hacer, las actividades que nos daban alegría, pero que quizás no hicimos porque no tenían una utilidad material. Nos apuntamos a un curso de guitarra, reanudamos las clases de fotografía, escribimos poemas o narraciones, servimos de voluntarios para los niños necesitados, o tal vez, decidimos dejar huella con un legado que cambie el mundo. Es un tiempo de pausa, en el que resulta más fácil aceptar a todos como son, sin juicios ni expectativas. Idealmente en este ciclo, si has trabajado espiritualmente y te sientes realizado, te conviertes en sabio; la intuición se agudiza, especialmente en la mujer, como es sabido que ocurre en muchas culturas ancestrales. Comienzas a compartir tus lecciones de vida con los demás, con énfasis a los más jóvenes, convirtiéndote a menudo en mentor, mostrándoles cómo lograr y alcanzar sus propios sueños y esperanzas. Grandes legados se han creado en este ciclo.

El amor en este ciclo se experimenta con la creación de un oasis de paz en el hogar para disfrutar de la vida, de los viajes y las actividades sosegadas; solos, acompañados, en pareja o junto a la familia. No es tiempo de quejas, pues comienza una segunda luna de miel, sola o acompañada. Ahora sí tienes tiempo para disfrutar de tu vida, tu sensualidad, tu espiritualidad y tu presente, que es lo único que realmente posees.

LOS «ALQUIMISTAS», DESDE LOS 70 AÑOS

Este ciclo se caracteriza por el comienzo de una época de magia (que tendrá su apogeo a partir de los 80 años), pues empieza el regreso al hogar originario para finalmente experimentar la verdadera plenitud. Este estado de abundancia interior, en realidad, se puede disfrutar en todos los ciclos de la vida, siempre que vivas conscientemente y en el presente. A partir de los 70 años la muerte y la enfermedad de tus amigos o conocidos cercanos te recuerdan frecuentemente que nada perdura indefinidamente, pues todo termina y se transforma. Te das cuenta de forma inexorable que lo único que en verdad tienes es el presente. Nos convertimos en alquimistas, transformando las experiencias de carbón que nos ha presentado la vida en bellos diamantes de aprendizaje. En esta etapa disfrutas de la música, la pintura, una flor..., pues el tiempo es lo único importante, ya que no puede desperdiciarse en nada que no sea disfrutar de la mera presencia del otro, los nietos, los amigos..., mientras compartes pasatiempos, naturaleza, conciertos, servicio, risas y silencio.

LA EDAD DE LA «MAGIA», DESPUÉS DE LOS 80 AÑOS

En este momento de la vida, las personas que experimentaron una conciencia espiritual y sembraron semillas de salud, armonía y amor en sus vidas cosecharán y experimentarán un nuevo y más profundo despertar espiritual, al mismo tiempo que disfrutarán de una eterna juventud y gozarán todavía de sus actividades favoritas; en cambio, habrá otras personas que, antes de regresar a su origen, deberán regresar al principio del ciclo de la niñez para comenzar de nuevo, sin la habilidad de la memoria, de valerse por sí mismos, necesitando ayuda para caminar, comer, hacer sus necesidades, etc. Esta última experiencia de dependencia tiene el objetivo de enseñar una lección a la persona y a sus familiares, antes de terminar el ciclo de la vida física.

LA MUERTE, UN NUEVO RENACER

Desde una perspectiva puramente terrenal, el final del último ciclo es la muerte. El ego nos hace pensar que la muerte es algo terrible, por lo tanto la evitamos por todos los medios, ni siquiera la mencionamos, vivimos como si no existiera, en el engaño de habitar en nuestro cuerpo para siempre. La sociedad nos ha inculcado que la muerte de alguien es siempre un evento siniestro y trágico, cuando en realidad es el momento más significativo y mágico de la vida de una persona. La muerte es, sin duda, un nuevo renacer.

Si bien es cierto que extrañaremos a la persona amada, la muerte, al igual que el nacimiento, es una parte natural del ciclo y es necesario ser conscientes de ello. Pues todos nos vamos, sólo que algunos se adelantan. No podemos controlar la muerte, por esa razón mantener a alguien vivo a través de un respirador artificial, por ejemplo, cuando ya no puede sustentarse por sus propios medios no es algo natural. Es diferente el uso de la sedación, dado que podemos proporcionar alivio compasivo al dolor mientras se produce la muerte de una forma natural. De la misma manera, no podemos matar, es decir privar de la vida a un cuerpo según nuestra voluntad.

Independientemente del motivo de la muerte, ya sea por vejez, una larga enfermedad o un suceso repentino, muchas personas piensan que la muerte es siempre un accidente, cuando en realidad no es así. La muerte es un acontecimiento sofisticado y programado, tanto en las esferas del cielo, como en la tierra, pues los seres de luz trabajan en esta coordinación aparentemente llena de casualidades y garantizan a los que se quedan, todo el apoyo y la ayuda que precisen para superar el duelo. Muchas personas prefieren exhalar su último suspiro cuando su ser querido no está presente. A veces ocurre el deceso en el momento justo después de que un familiar haya salido de la habitación. Esto no es casualidad, dado que los ángeles y los seres que le acompañan, usualmente amigos y familiares que ya han desencarnado, están presentes en ese momento y saben que el apego y la tristeza de sus familiares, en algunos casos, sólo vuelven las cosas más difíciles para ambos. Sin embargo, en otras circunstancias, el plan requiere que los familiares estén presentes hasta el último momento.

Otras veces, en el mundo de los que se quedan, la energía del ser que se va se repone, ya sea con un nuevo nacimiento, la llegada de un familiar lejano, una nueva pareja, un matrimonio o el surgimiento de una nueva oportunidad. A menudo, la muerte de algún ser querido coincide con el comienzo de un propósito, como sucede cuando los familiares lideran una causa en homenaje al fallecido. *Después de la sorpresiva y trágica muerte de su mejor amigo, el escritor Luis Miranda concluyó que: «A veces la muerte es lo que le da sentido a la vida».*

La vida de las personas es similar al ciclo de una gota de agua: la gota comienza su viaje como vapor (el espíritu), pero es su anhelo convertirse en agua y así lo hace a través de la condensación (el nacimiento). La gota, entonces, comienza su aventura a través de las piedras, la tierra, las montañas y los cielos (proceso de purificación).

Al igual que los seres humanos, la gota se va transformando de acuerdo a sus experiencias. A veces llega a ser parte de un pacífico lago, y otras, de un furioso ciclón. Existen momentos en que experimenta la frialdad del hielo; pero en otros puede sentir cómo el calor la quema y casi la destruye, sólo para hacerla volar una vez más por los cielos. Durante su evolución, la gota a veces experimenta la dureza y la pesadez del granizo, pero siempre recibe cobijo en la suavidad de las nubes.

Algunas gotas llegan al océano, mientras que otras se quedan rezagadas bajo la tierra. Así ocurre con las personas, algunas atraviesan los mares con valentía, mientras que otros se quedan en la oscuridad de la tierra… escondidas… sin arriesgarse.

Por la ley inevitable del ciclo de la vida, todas las gotas, como todos los seres humanos sin excepción, se trasformarán para terminar los ciclos regresando a su origen: la gota vuelve a ser vapor y el ser humano espíritu.

«El nacimiento y la muerte no son dos estados distintos,
sino dos aspectos del mismo estado».
GANDHI

Si pudiéramos visualizar el momento de nuestra muerte a través de nuestros ojos espirituales, podríamos ver con claridad que es un evento realmente mágico. Es cuando se abren las puertas del cielo y todo se vuelve color y luz. Lo ideal sería poder reemplazar las lágrimas por asistencia con conciencia, asegurándole al que se va que todos sus asuntos pendientes, como deudas, hijos o algún rencor, serán debidamente atendidos.

Es importante confirmarle a quienes parten que los que se quedan estarán bien. Es una pena que los hospitales en muchos casos no dispongan del espacio adecuado para arropar ese momento de máxima trascendencia, cuando un ser humano ha finalizado su carrera y se ha graduado del ciclo. Entonces sus seres queridos, ya en el otro mundo, vienen a buscarle y le guían por el túnel de la luz.

La oración, el agradecimiento y el festejo a la hora de la muerte son comunes en otras culturas. El mejor regalo para la persona que se va es hacerle saber que tomaremos la vida y su curso en nuestras manos y que seguiremos viviendo, con la certeza de que encontraremos a nuestro ser amado de nuevo, ya que posiblemente los seres que se van serán los mismos que nos recibirán en el cielo a la hora de nuestra partida. El fin del camino es nuestro origen y el cielo no es otra cosa que un estado de conciencia más elevado, es un nuevo ciclo al que regresamos al final de la espiral.

El tiempo en la tierra es breve, sólo recogeremos los frutos espirituales que hayamos sembrado, ya que las tierras que sembramos y donde hemos cosechado se quedan junto a todas las no-pertenencias que tenemos que devolver antes de la partida. Por eso es mejor vivir plenamente para así facilitarnos el hecho de morir pacíficamente.

ATRAVESANDO LOS CICLOS CON LA PAREJA

El desconocer los ciclos de nuestra pareja puede crear una incomprensión tal que puede llevarnos al final de una relación. Si no entendemos los ciclos de nuestra pareja o de nuestros hijos, entonces esperaremos que sientan y reaccionen de una forma distinta a la propia del ciclo que están viviendo.

Claro ejemplo de incomprensión de ciclo son la pareja formada por Isabel, de 33, y su novio Carlos de 45. Isabel está en su época de conquista, de sueños y de acción. Carlos, en cambio, ya pasó por la etapa de la conquista y se siente insatisfecho, o al menos está en el momento de cuestionarse a sí mismo si todo ha valido la pena y busca su misión y lo verdaderamente importante; ambas motivaciones son igual de válidas y necesarias en la evolución de ambos. Si Carlos juzga a Isabel por el solo hecho de que ella piensa únicamente en conquistar, y si Isabel cuestiona a Carlos por no decidirse y no actuar, entonces habrá conflictos. A todo esto, la madre de Isabel, de 50 años, no entiende que Isabel tenga tantas ambiciones y constantemente le anima a que se tome la vida sin afán. Isabel se siente en medio de dos corrientes diferentes que merman su energía y la agotan.

Al conocer los ciclos de los otros, y saber que no todos navegamos de la misma forma, ni al mismo tiempo, podemos invocar la comprensión y permitirles la libertad a nuestras relaciones para que, a su vez, éstas naveguen su ciclo en paz, a su propio tiempo, sin nuestra interferencia negativa; igualmente podremos tomar el rumbo de nuestros propios ciclos, evitando que su corriente nos lleve por mares peligrosos.

De esta manera, cuando estamos en armonía con Dios, los ciclos y su plan, viajamos con Él sobre estas aguas a veces turbulentas y a veces inciertas, pero ya no luchamos contra ellas y tampoco somos arrastrados por su corriente, sino que vamos guiados por el Plan Divino. Por eso, es imprescindible aceptar la guía de Dios en nuestras vidas en todo momento.

CAPÍTULO 19

¿CUÁL ES TU EQUIPO?

EN EL JUEGO DE LA VIDA, ¿EN QUÉ EQUIPO ESTÁS?

Había una vez un jugador de fútbol que tenía grandes metas y anhelaba convertirse en el mejor jugador del mundo. Para conseguirlo se entrenaba en las más sofisticadas técnicas de juego y se ejercitaba con complicados ejercicios. Hasta que un buen día, al comenzar el partido, metió el gol impresionante, acompañado de un rugido muy grande en el estadio exultante. El jugador cerró sus ojos para centrarse mejor en lo que creía que eran ovaciones en su honor, cuando recibió un tomatazo en plena cara y se dio cuenta de que todos lo abucheaban muy fuerte. El jugador no podía comprender lo que estaba pasando y siguió su juego. Finalmente, el director técnico le sacó del partido.

—¿Por qué me sacas? –pregunta el confundido jugador–, ¡si estoy metiendo todos los goles!

—Sí –le contestó el director técnico muy molesto–, ¡el único problema es que los goles que estás metiendo son todos a favor del equipo contrario!

Por estar tan ensimismado en su técnica y debido a su afán de protagonismo, el jugador olvidó cuál era su equipo y su razón de ser en el juego.

Esta anécdota demuestra claramente la manera de vivir de millones de personas. No hay vientos favorables si no sabes adónde te diriges; aprender las más sofisticadas técnicas de meditación, de materialización y de alquimia no sirve de nada si previamente no decidimos a dónde nos dirigimos. Pues para participar en el partido, primero debemos saber quiénes somos, ya que somos parte de un todo y para ganar el juego primero debemos hacer que todos ganen, pues somos parte de un gran equipo. De gran ayuda será también conocer las reglas del juego, o sea las leyes básicas que rigen el universo y conocer en qué posición nos toca jugar o cuál es nuestra misión y propósito. Y lo más importante aún es saber cuál es nuestro equipo, tener la conciencia para discernir si nuestras acciones son para Dios y para la Unidad, o sólo para nosotros y para el ego.

LA DIFERENCIA ENTRE UN SUEÑO Y UN DESEO

Tenemos todo el derecho de cultivar nuestros sueños, pero todos esos sueños primero tienen que ser aprobados por el Plan Divino para asegurarnos que sean fruto Suyo y no de nuestro ego que más bien produce deseos. Es imprescindible aprender cómo conectarte con Su Voluntad, o a la más *alta conciencia* para que tus sueños más elevados surjan de ti mismo de forma natural.

Hay dos formas de materializar en la vida: LA VIEJA FORMA que es crear por medio de tu voluntad, y la otra que es PERMITIR que la perfecta realidad se revele NATURALMENTE por medio del acceder CONSCIENTEMENTE a la Voluntad de Dios. Tal como la semilla del árbol no crea, manipula, ni trama, simplemente permite que el perfecto plan se revele, un sueño verdadero permite que el orden que Dios diseñó para ti se materialice.

¿Cómo podemos alinearnos a Su plan? La plenitud se consigue cuando se acepta LO QUE ES, con total flexibilidad. Pues cuando entregas tu voluntad a este orden, surgirán cambios favorables para armonizarse con ese plan. A veces estos cambios no van a ser de tu total agrado, aunque sí los que van con tu plano de vida, los cuales al final te darán la verdadera paz. Por ejemplo, si estás trabajando en el lugar equivocado, como una compañía donde te exijan muchas horas extras y no te dejen pasar tiempo con tu familia, o en un lugar donde se vendan productos contrarios a tu ética y tus principios, y te conectas con la voluntad de Dios, es muy posible que decidas cambiar de trabajo, si es que tu lección allí ya ha terminado.

Si decides permanecer en tu puesto de trabajo equivocado, es posible que sin tu intervención pierdas tu empleo. Si esto sucede, puedes interpretar el hecho de que te despidan como una pérdida, cuando es muy probable que sea la oportunidad para perseguir tu verdadero sueño e ir tras tu propósito real. Por el contrario, un deseo es un sueño que se origina en el apego, el cual no tiene sabiduría y no está en armonía con tu verdadero plan, ni con el de los demás. Por eso, el deseo siempre trae dolor, mientras que tu más alta expresión siempre traerá plenitud, ya que, pase lo que pase, es parte del plan de Dios y en este plan nunca hay error.

¿CÓMO DISTINGUIR ENTRE UN SUEÑO Y UN DESEO?

Rezar el mantra «Protégeme Dios hasta de mis propios sueños», según mi maestro Dada, es la mejor manera de expresar una preferencia, una intención pero no un deseo, por lo tanto, mientras no sepas la diferencia, un sueño debe ser sólo una opción, de cuyo resultado debes desprenderte. Si no te has desprendido del resultado específico de un sueño equivocado, éste se convertirá en deseo y manejará cada área de tu vida. Ésta es la fórmula de la ambición desmedida. Por esta razón, un sueño específico debe ser opcional y no un requisito para lograr la felicidad en tu vida, tampoco debe depender de personas ajenas a ti. Muchas veces no sabemos de dónde viene un sueño y no sabemos sus implicaciones al lograrlo, hasta quizás pasado el tiempo y las circunstancias que te muestran las realidades.

Ricardo, por ejemplo, tiene el sueño de convertirse en presidente de la compañía para la cual trabaja. Ricardo en su interior siente que nunca fue el preferido de su padre e inconscientemente cree que consiguiendo ser el presidente de la empresa demostrará a su progenitor su valor (creencia inconsciente y ego). Ricardo nunca tuvo tiempo para su desarrollo espiritual, ni ha consultado a Dios, ni ha preguntado cuál es Su Voluntad o Su plan para él. Ricardo simplemente persigue su sueño y nada más. Para conseguirlo, trabaja incansablemente y acepta hacer cosas que no van con su manera de pensar, y que minan su integridad, como salir de fiesta con clientes varias noches a la semana, descuidando completamente a su familia.

Un día, un cliente importante le invita a un club de prostitutas y, como no sabe decir que no, acepta. Cuando su esposa se entera se disgusta mucho. Ella, tras la enésima ausencia de su esposo, le envía una carta de divorcio. Ricardo pierde su familia, pero curiosamente ese mismo día recibe la gran noticia de que ha conseguido el tan deseado puesto de presidente de la compañía. Mientras le mostraban su nueva oficina con vista a la bahía de Nueva York, Ricardo se sentía el hombre más desdichado del mundo a pesar de haber alcanzado su sueño, o mejor dicho, después de haber alcanzado «su más caro deseo».

Si Ricardo hubiera estado afianzado a la conciencia de Dios, hubiera utilizado su voluntad para mantener su propia integridad al ser expuesto a situaciones opuestas a sus valores. Si Ricardo no hubiese estado apegado al resultado, no hubiera tenido miedo de perderlo al mantenerse firme en su integridad, pues hubiera sabido que Dios tenía reservado algo mejor para él. Su fe en Dios hubiera sido más fuerte que el interés de alcanzar su deseo. Ricardo tenía que haber dicho a Dios: «Tengo una preferencia, me gustaría ser presidente cuando tú lo consideres oportuno, en tu momento y en tu situación, eso sí, siguiendo Tu plan». Pues quién sabe si el actual presidente es la persona ideal para el puesto y no

Ricardo, tal vez con su deseo sólo le arrebata la oportunidad a la compañía de mantenerse en pie con el presidente actual, mientras que con Ricardo puede terminar perdiéndolo todo. De hecho, sólo Dios sabe el resultado final. Por este motivo no debes tener sueños que antes no le hayas consultado a Dios.

¿LA LEY DE LA ATRACCIÓN O LA LEY DE LA DISTRACCIÓN?

El problema de utilizar nuestra propia voluntad para atraer lo que deseamos consiste en que sólo vamos a atraer y desear cosas, personas y eventos, de acuerdo a nuestro grado de conciencia. Si por ejemplo es un narcotraficante quien aprende esta ley, sin duda la utilizará para que su negocio se expanda y se convierta en el más poderoso. Como las leyes funcionan impersonalmente, él muy posiblemente lo logrará, pero lo hará con terribles consecuencias, tanto para los niños que se convertirán en adictos, como para él mismo, pues le llegarán fuertes lecciones hasta que logre corregir su error. De la misma manera, si le muestro la ley a una mujer con baja autoestima, ella atraerá hacia sí a la persona menos indicada, alguien a quien ella desearía sin importar las consecuencias. Naturalmente, atraemos hacia nosotros personas afines a la lección necesaria de ese momento.

PROFUNDIZANDO SOBRE LA LEY DE LA ATRACCIÓN

La ley de la atracción, tan popular en nuestro tiempo, está basada en una de las leyes que rige el universo, la cual dice que todo se mueve y todo vibra. Las cosas se definen por su vibración, que puede ser lenta o rápida; de esta manera se muestra su naturaleza, gruesa o sutil, alta o baja. Todo objeto animado o inanimado, tiene su propia vibración. La ley de la atracción muestra cómo inducir por medio de la voluntad y de técnicas específicas cierta vibración, para que mediante estas técnicas se altere la nuestra y de esa forma hacernos afines a la vibración de aquello que deseamos y así atraerlo hacia nuestra vida. Pero la pregunta es ¿cómo saber a ciencia cierta si lo que queremos atraer es lo que nos conviene?

Hay dos formas opuestas de utilizar la ley de la atracción: una limitada por nuestra falta de armonía con el plan, la cual sería por medio de nuestra propia voluntad, y otra sería permitiendo que nuestra más alta expresión se manifieste naturalmente a través de nuestra conexión con Dios. De esta manera, permitimos que sea la misma inteligencia de Dios la que nos propicie la mejor vibración para, a su vez, atraer lo que necesitamos en cada momento. Dios siempre tiene una mejor idea respecto a nuestros sueños. Siempre es mejor para nosotros permitir que Dios nos revele nuestra nueva vida llena de sorpresas, en vez de tratar de empeñarnos en forzar que se manifiesten las ideas que tenemos de lo que nosotros pensamos y creemos que necesitamos.

Primero hay que buscar la conexión Divina, estar en armonía y trabajar la conciencia, para luego perseguir los sueños. De hacerlo diferente toparíamos con la ley de distracción, una técnica para alcanzar sólo cosas y deseos, que nos distraen de nuestro verdadero propósito vital. No es que la ley de la atracción sea negativa ni que no se pueda utilizar, se trata de utilizarla alineada al plan divino.

«Mas buscad primeramente el reino de Dios y su justicia
y todas las demás cosas os serán añadidas». (Mateo 6:33)

Primero viene la conexión con ese alto plan que Dios ha diseñado para ti y luego permitir que este plan se revele y surja a través de ti, por medio de Su Total Voluntad en tu vida.

EL GRAN GENIO Y LA MENTE UNIVERSAL

Un buen día desperté y comprendí que estaba utilizando la mente del universo como si del genio de la lámpara mágica se tratara. La manipulaba a mi antojo, pidiéndole todos mis deseos, cuando en realidad, para ser feliz debía hacer todo lo contrario: en lugar de invocar al genio para que me complaciera, era suficiente mirar al cielo y decir: «Mi Dios, tus deseos para mí son órdenes, ¡hágase Tu voluntad en mi vida!».

Sin duda mi maestro Dada sabía la respuesta, la cual me repitió durante años cuando sonreía y señalaba con su dedo índice hacia el cielo, diciendo: «Dios es el secreto». Sólo Dios sabía lo verdaderamente bueno para mí. Lo que se conoce como el gran genio de la mente universal no es otra cosa que la mente colectiva, un gran cerebro que lo incluye todo, que no está localizado en ninguna parte específica, pero que se encuentra en todas partes al mismo tiempo. Es la mente unificada a la que todos estamos vinculados, la cual es puro potencial, de la cual provienen todas las ideas y a la cual todos tenemos acceso. El bien o el mal pueden emanar del ego, la parte oscura de la mente, dependiendo a su vez de si nuestras intenciones están alineadas o no al plan Divino. Puedes convertirte en un líder destructivo como Hitler o en un líder espiritual como lo fue Gandhi.

El poder sin conciencia es destrucción; los valores marcan la diferencia entre la magia blanca y la magia negra.

¿QUÉ ES LA MAGIA NEGRA?

Soñar no significa controlar, intervenir o manipular la voluntad de otras personas, y no me refiero al poder de persuasión de algunas campañas políticas, sino a la magia negra, mejor conocida como brujería. En la búsqueda atormentada por cumplir sus deseos, muchas personas recurren a la brujería, poniéndose en mano de brujos, hechiceros, chamanes o santeros. La magia negra no siempre parece diabólica, ni persigue el mal, aunque bajo el bonito disfraz de los rituales con velas, santos, flores y perfumes, trata de manipular, influenciar, tomar ventaja, o controlar una situación, o a una persona y este planteamiento es sumamente peligroso, como todo aquello que intente influir en la elección individual o el libre albedrío de otra persona.

El brujo piensa que tiene todo el poder, pero este poder es ilusorio. La mayor parte de las personas no entienden muchas de las técnicas que utilizan estos brujos de la magia negra para hacerles conseguir sus deseos. Se debe ser muy cuidadoso en ese tema porque en muchas ocasiones los brujos invocan a los espíritus del más allá quienes, cuando terminan su misión específica, pueden causar enfermedad y calamidad tanto al que envía como al que recibe. Los deseos y favores conseguidos de esta forma tienen un coste demasiado elevado, por eso te animo a ser prudente y no caer en las trampas de la magia negra. Debido a la ley de causa y efecto, la magia negra causa estragos y se vuelve en contra de la misma persona que la utilizó. Si no sabemos diferenciar entre la magia blanca y la magia negra, es mejor dejar la magia a un lado y regirse sólo por el plan de Dios.

La verdadera magia se manifiesta por medio de pensamientos limpios, visiones de amor, servicio y siempre de la mano de Dios. No podemos tomarnos la justicia en nuestras manos y menos el destino de otra persona. Sólo Dios obra milagros, ésa es la verdadera magia de la vida.

Sea chamán o metafísico, el verdadero practicante de la magia blanca siempre lleva a la persona a la Voluntad de Dios y no necesariamente a sus deseos, mucho menos si éstos son egoístas. Siempre se respeta el derecho universal de privacidad, de elección, de libre albedrío, de libertad de cada ser humano y de cada ser; sea encarnado o no. Otra cosa bien distinta son los sanadores que pueden contribuir al bienestar de las personas por medio de rituales de limpieza, de protección y de renovación energética. En esta época, sin duda, los sanadores alineados con Dios adquirirán cada vez más importancia gracias a su misión de ayudar a equilibrar las fuertes energías de cambio.

CUARTA PARTE

EL PROCESO DE CONEXIÓN

CAPÍTULO 20

DA FORMA A TU MÁS ALTA EXPRESIÓN

Dentro de ti existe un boceto perfecto del plano ideal, que es tu casa interna y externa. Ese diagrama perfecto sólo necesita el espacio y las condiciones favorables para expresarse plenamente; lo cual sucede naturalmente cuando armonizamos nuestro libre albedrío a la guía y Voluntad de Dios. Contrariamente a lo que se piensa, tu más alta expresión se revela mas no se crea. Tal como la semilla del árbol lleva dentro de sí un diseño original perfecto que necesita las condiciones óptimas para germinar, así tú también tienes un diseño interior perfecto, con todas las características y su propio plan para lograrlo. El problema surge cuando olvidamos la visión final de ese plan y tratamos de forzar, cambiar o imitar otros planes, alejándonos de nuestra verdadera naturaleza.

EL LIBRE ALBEDRÍO

Para vivir bajo la guía de Dios, primero debemos conceder voluntariamente nuestro permiso a Su Voluntad, para que Él a su vez, tome las riendas de nuestra vida y se exprese a través de nosotros.

En cambio, si no cedemos este permiso conscientemente y sólo nos guiamos por nuestro ego, Dios no intervendrá en nuestras decisiones aunque estemos a punto de tirarnos de un rascacielos. Ésa es la ley, ya que Él mismo nos obsequió con el poder del libre albedrío, el cual nos permite hacer las elecciones y tomar las decisiones que queremos, en el momento y de la forma que mejor nos parece.

Entonces, ¿cuál es el propósito del libre albedrío?

El libre albedrío es el poder que Dios te brinda
para que por tu propia elección decidas
aceptar Su Voluntad en tu vida una y otra vez.

Al darnos cuenta de que no tenemos ni control ni dominio sobre todas las cosas, es más fácil ceder nuestro control imaginario y dejar de intervenir ya que, como vemos, existe una inteligencia que lo rige todo y en realidad no podemos mover las estrellas, ni aligerar las fases de la luna, ni cambiar la hora en que amanece.

Nuestras decisiones no alineadas y nuestra mente sin conexión con Dios intervienen en este orden y no permiten que el plan Divino trabaje y se exprese plenamente a través de nosotros. Entonces es más lógico dejar de intentar regir el mundo a nuestro parecer, pues el único control que realmente estamos ejerciendo con nuestro libre albedrío no armonizado y regido por el ego, es colocar barreras temporales al orden celestial y retrasar el bien que Dios tiene para nosotros.

Un claro ejemplo de esto es el estado actual del planeta: habitamos una tierra sin recursos y enloquecida debido a nuestras elecciones equivocadas. Ya que son las creencias, junto al hábito y el miedo, las que verdaderamente eligen en lugar del libre albedrío. Lo que la mayoría de la gente cree ser una manifestación de su libre albedrío es sólo una reacción y no una elección consciente guiada por Dios, como debería ser.

La solución para este tiempo es dejar a un lado la arrogancia y la ilusión de creer que podemos dirigir el universo por cuenta propia, unir fuerzas por medio del libre albedrío colectivo y conseguir que más personas se unan, aceptando ser utilizadas por Dios como una gran herramienta global para el beneficio de todos, sabiendo que Su inteligencia es la que realmente gobierna el plan individual y colectivo. Él es el único que conoce el puesto ideal que cada uno debe ocupar para lograr avanzar de manera unificada, todos como planeta.

Muchas veces, cuando las cosas marchan bien, ni siquiera pensamos en esta alternativa, sin embargo cuando nos sobreviene una crisis recurrimos a la entrega a Dios con una súplica. Es cuando alzas tus manos y dices: «No puedo más, te lo entrego todo». De esta manera comienzas a ver milagros. Entregar tu voluntad a Dios no quiere decir que no vas a actuar más en tu vida, ni que entregas tus derechos de elección, sino que si lo permites tus acciones tendrán la guía de Dios y serán encaminadas correctamente. Cuando te conviertes en un canal natural para Su expresión, es una llamada y a la vez una invitación mutua; Dios da un paso hacia ti en la misma medida que tú das un paso hacia Él.

Comúnmente cuando explico este ceder la voluntad a Dios, las personas me dicen: «Si eso es lo que hago todo el tiempo y no pasa nada, no me contesta». No se dan cuenta que inconscientemente no están haciendo una entrega total. Es por eso que los siguientes pasos te llevarán con Su guía, para ayudarte a lograr esa conexión una y otra vez.

Cuando te entregas a Dios y a Su guía, inmediatamente sientes cómo tus cargas pierden su peso y la paz llena el lugar de las antiguas preocupaciones.

EL PROCESO SAGRADO DE CONEXIÓN

La técnica del Proceso Sagrado de Conexión es sin duda uno de los pasos más importantes que puedas dar para que se produzca un cambio trascendental en tu vida. Descubrí esta secuencia por pura casualidad, o más bien *causalidad*, durante mis consultas trabajando espiritualmente con varias personas, con el objetivo de ayudarlas a encontrar su verdadero propósito.

Aunque llevo muchos años asistiendo a personas a encontrar su propósito, nunca me había encontrado con unos pasos que fueran tan efectivos, por no decir milagrosos.

Durante largo tiempo utilicé la técnica de manifestación milenaria de visualización, conocida como la ley de la atracción para realizar sueños. Sin embargo nunca me sentía totalmente satisfecha, pues aunque a veces conseguía el sueño, éste no me brindaba una felicidad duradera, ni tampoco la paz interior, ya que no solucionaba la causa de la insatisfacción y a veces la agravaba. Más bien, me sentía como una alquimista principiante, haciendo realidad la frase «Cuidado con aquello que pides». Más tarde, me percaté de mi error. Me hacía falta el ingrediente principal en la fórmula: Dios

Al decidir conscientemente ceder mi propia guía limitada y conectarme a la Voluntad Divina, mi vida comenzó a cambiar positivamente, aunque tengo que admitir que muchas veces estos cambios no parecían tan positivos pues, efectivamente, tuve que dejar ir muchas cosas que no me convenían, a pesar de creer lo contrario. De la misma manera entendí que cualquier proceso de cambio puede ser un reto al principio, si no permites que ciertas cosas se vayan de tu vida. Se trata de despejar tu vida para que entre Dios con todo su poder... así poco a poco dejé ir amistades, relaciones, lugares y situaciones que no estaban alineadas con esa nueva vida. No puedes pretender vivir una vida nueva siendo el mismo, con los mismos errores del pasado y haciendo las mismas elecciones equivocadas. Todas las cosas con Él son más fáciles, todo está siempre en orden, incluyendo lo caótico, dado que más adelante verás su razón de ser.

Aunque sientas que estás satisfecho con tu circunstancia actual, te aseguro que siempre existe espacio para llegar a una más alta expresión de ti mismo.

LOS SIETE PASOS PARA LA CONEXIÓN

La conexión con Dios te llevará hacia una vida plena y se puede conseguir siguiendo unos pocos pasos. Comienza eligiendo cualquier situación o emoción que te esté impidiendo la paz verdadera en este momento. Hazlo con conciencia, fe y fervor y verás los resultados.

Paso n.º 1: Observa

Haz una pausa en el camino y obsérvate. Respira profundamente varias veces hasta estabilizarte. No reacciones, quédate en silencio y observa la situación que se te presenta, no tomes ninguna decisión de momento. Mantente en silencio y comienza la comunión con Dios para que Él te guíe y puedas ver con Sus Ojos. Obsérvate con estos nuevos ojos, hazlo sin juicio pero objetivamente. Examina los hábitos y acciones que te llevaron a esta situación determinada y asúmelo desde un punto de vista neutral.

Paso n.º 2: Acepta

Existen varios grados de conciencia en los que se puede vivir la vida. El más bajo es cuando te consideras víctima de tus circunstancias, cuando piensas que todo lo que pasa sólo te pasa a ti, por tu mala suerte, por cosas de la vida, por la culpa de otro, o por castigo de Dios. Aceptar, por otro lado, es el más alto grado de conciencia dado que consiste en vivir desde la responsabilidad y la luz de finalmente poder darte cuenta de que lo que eres hoy, con tus triunfos o fracasos, es la suma total e inevitable de todas las elecciones hechas por ti mismo en tu pasado. Acéptalo, llega a término con tus resultados presentes, pues todo a lo que te resistes cobra más fuerza.

Aceptar no es conformarse, ni resignarse: es ser responsable y actuar con un enfoque positivo y proactivo, asumiendo siempre el control de tus reacciones. Acepta tus faltas, tus sombras, tus miedos y tus debilidades, y haz la paz con ellas. Mírate tal cual eres hoy, acepta tu peso, tu estado de salud, tu economía, y si perdiste tu casa o te abandonó tu pareja, acéptalo. Elimina la negación que es amiga del ego y utiliza la aceptación que es su peor enemiga. Acepta con humildad el lugar donde te encuentres en el camino, sin negación y sin culpa. Sabiendo con conciencia dónde estás, sabrás plenamente hacia dónde dirigir tu próximo paso. Aceptar es NO resistirte a la lección, ni luchar contra ella: es buscar la paz.

Paso n.º 3: Agradece

Agradece por las cosas que tienes: amor, pareja, salud, familia. Agradece al universo mismo que cuanto más agradeces, más te da la vida. Agradece tus dones, regalos, virtudes y defectos. Dar las gracias es un cumplido a Dios y a la naturaleza, así afirmas que eres consciente de tu conexión con Él. Agradece cada lección que recibes, pues cada caída encierra un milagro. Cada lección aprendida te sitúa un paso más cerca de tu sueño. Déjale saber a Dios por medio de tu agradecimiento que estás dispuesto a recibir sus milagros. Todo tiene una razón de ser, recuerda, tanto las estrellas como las galaxias, tienen un orden que las rige. No puedes saber que existe la luz sin antes haber experimentado la oscuridad.

La historia del náufrago

Un náufrago llegó nadando hasta una isla desierta y construyó una choza para protegerse. Los días pasaban y su desesperación aumentaba, dado que nadie venía a rescatarle. Una mañana al volver de pescar, encontró que su única pertenencia, su choza, se había quemado complemente. El náufrago se enfadó con Dios y gritó:

—¡¿Cuánto más vas a quitarme, si ya no me queda nada?!

En ese momento, escuchó un gran ruido. Era un helicóptero que bajaba a la isla en su ayuda. Cuando el náufrago preguntó a sus socorristas cómo supieron que estaba allí ellos le respondieron que fue gracias a que vieron una gran columna de humo.

Agradecer es entender que todo tiene una razón de ser, que aunque no lo veas en el momento cada lección viene de un orden y guarda en sí un regalo que al final tendrá sentido y cambiará tu vida por completo.

Paso n.º 4: Invoca la Voluntad de Dios

La Voluntad de Dios también puede llamarse Inteligencia, Su Plan, el Orden, la más Alta Expresión, en fin, lo importante no es el nombre sino que entiendas lo que significa Voluntad, lo cual no es una fe ciega ni tampoco significa regirnos por un Dios voluntarioso, sino que consiste en dejarnos llevar por un Orden, un Río de Energía que fluye hacia Su Cauce. Es alinearte a la mejor conclusión y al más alto resultado posible en cualquier área de tu vida. Es recibir ayuda para elegir el mejor camino, el cual sin Su guía simplemente no podrás ver, ya que existen ocasiones en el que el camino equivocado puede aparentar ser más atractivo.

Este paso consiste en invitar e invocar conscientemente la ayuda Divina, dar el permiso y estar de acuerdo en que es Él quien te inspirará la solución para que puedas aplicarla. Como ya vimos, todos tenemos el libre albedrío, pero ni Dios mismo interviene si no es invitado conscientemente. Dios siempre tiene la respuesta perfecta, el secreto está en DAR PERMISO. Si no permitimos por nuestra propia voluntad que Dios entre a nuestras vidas a trabajar nuestro reto, esta ayuda se retrasará.

Todo en la vida es una posibilidad, un potencial, un lienzo en blanco donde puedes pintar las obras más bellas, o crear los valles más oscuros. Cuando caminas junto a Dios, todavía llevas el pincel y las ideas, tú mismo colocas los colores, sólo que si lo permites Dios te da el plano, la obra, y muy suavemente, con Su mano, dirige tu pincel. ¿Por qué dudar de Su guía, si Dios es el pintor que ya ha creado el cuadro perfecto de todo el universo y también de tu obra ideal, mucho antes de que tú la imaginaras?

Invoca de forma consciente la Voluntad de Dios. Entregarle a Él la dirección de tu libre albedrío es la diferencia entre pedir e invocar. Da permiso a Su intervención con todo tu ser y haz la siguiente oración de conexión con fervor, como un serio ritual. Hazlo de la forma que mejor sientas, acude a la iglesia, al templo, a la sinagoga o a la mezquita, o hazlo en tu hogar, con unas velas, vestido de blanco o en pijama, es igual. Puedes hacerlo en cualquier momento o en cualquier lugar, cuantas veces lo creas necesario. No importa la religión o las creencias que profeses, ni de la forma que veas a Dios o decidas invocar, esta oración llegará de igual manera a Dios que es Uno.

Oración de Conexión

> Padre Mío, invoco tu presencia celestial para que ésta trabaje a través de mi ser en todo momento y permito que Tu Voluntad se manifieste en todas las áreas de mi vida. Te entrego mis relaciones personales, familiares, mis finanzas, mi propósito, mi salud, mi entorno físico, mi servicio y mi espiritualidad. Te entrego mi mente, mis pensamientos, mis emociones y mi espíritu para que los armonices en Tu Luz. Acepto y permito convertirme en un instrumento de Tu Plan a través de Tu Voluntad, expresando así mi más alto potencial, por medio de la presencia de tu Ser en mí. Utilízame en formas inimaginables para mí, hazme un instrumento de tu Plan, canaliza mis talentos, manos, voz, ojos, oídos, cerebro, piernas e imaginación para que a través de ellos lleves a cabo Tu más alta Voluntad. ¡Amén!

En este momento imagina un gran cono blanco de luz abierto hacia el cielo emanando desde tu coronilla y visualiza cómo te conectas con Dios. Si sientes deseos de llorar hazlo libremente. Has entregado a Dios las riendas de tu camino, éste es un momento mágico, llora o ríe de júbilo. Entrega conscientemente las siete áreas de tu vida, desde tus relaciones amorosas hasta tus finanzas. Hazlo con fe y deshazte completamente de cualquier apego a ellas. Lo importante es tu intención. Cuando dices YO TE ENTREGO, igualmente estás concediendo el permiso y alineando tu libre albedrío al de Él, lo cual es la DISTINCIÓN que obra el milagro.

Si sientes que no estás listo para entregar todas tus áreas, si sientes alguna resistencia, modifica la oración de conexión y utiliza la palabras ESTOY DISPUESTO, es todo lo que necesita Dios para entrar en tu vida. Una pequeña llama de luz en un cuarto oscuro es suficiente para alumbrarlo. La conexión siempre existe, sólo que nosotros mismos nos desconectamos cada vez que dudamos, sentimos miedo, o deseamos algo en contra de nuestro plan, por esta razón es posible que en los momentos de duda tengamos que reconectarnos varias veces en un mismo día.

Al entregar nuestra energía a cosas y a metas no alineadas, nuestra energía procede de baterías que se acaban y no de la fuente verdadera e innagotable. En cambio, la entrega total a Dios te da la carga eterna de energía y paz, y te da la inmunidad verdadera contra todos los apegos.

Tras dar permiso a Dios para que trabaje en tu reto y en tu vida, espera inspiración, ideas, nuevas formas de ver las cosas, personas con un mensaje. Escoge ahora actuar responsablemente para cumplir tu misión. Déjate llevar, puedes comenzar con pequeñas acciones cotidianas y siempre elige con la voluntad firme que se te ha dado; recuerda, ahora estás en la Voluntad de Dios.

Paso N.º 5: Perdona

Perdónate a ti mismo por la situación que atravieses. Nadie es perfecto, ninguno de nosotros lo somos, pues estamos aquí precisamente para aprender y dejar ir nuestras sombras, que sólo empañan momentáneamente nuestra luz. Perdona a las demás personas involucradas en la situación, ellos no son responsables de tus acciones, reacciones e interpretaciones, tampoco de tus retos, ni de lo que hayas hecho o dejado de hacer. Limpia el camino con los demás afectados y contigo mismo. Deja ir la conciencia de que eres víctima de otros.

UNA NUEVA MANERA DE VER EL PERDÓN

La primera forma de amarnos es a través del perdón. Perdonándonos a nosotros mismos nos amamos, perdonando a otros nos liberamos. En realidad, el perdón es una arrogancia del ser humano y de nuestro ego, pues nosotros no tenemos la capacidad, ni la potestad real de perdonar a otro ser humano. Para que exista este tipo de perdón, debe haber primero una condena. La condena y el castigo no son el modo por el cual Dios maneja Su Universo, por este motivo nosotros no tenemos derecho a castigar, condenar y juzgar. Cada persona que comete una falta ha hecho la mejor elección posible de acuerdo a su etapa de evolución y conciencia del momento. Dios no culpa, de la misma forma que no culpamos a un niño por su error. La ignorancia de la ley tampoco evita que a ambos les corresponda una justa lección, de acuerdo a su grado de entendimiento.

Desde el punto de vista de Dios y Su orden, el perdón, no es un privilegio concedido sino una lección aprendida.

Una lección puede aprenderse en un instante o en una eternidad. La lección, o el hecho de darse cuenta de los errores cometidos, es producto de un plan perfecto diseñado por el alma para lograr que el ser que cometió la falta o violó una ley universal aprenda la forma más alta y armoniosa de actuar en el futuro. Para esto se hace un plan, y el ser que comete la falta comienza a aprender lecciones, hasta que por sí mismo y por su propia iniciativa finalmente se da cuenta y corrige su pensamiento.

Por eso nunca podemos intervenir en los planes y en la vida de los demás y tampoco podemos juzgar, ya que simplemente no sabemos qué clase de lecciones estamos aprendiendo junto a este ser ni cuánto tiempo ha llevado, o llevará aprenderlas. Tampoco sabemos qué ha conducido a esta persona a cometer lo imperdonable, lo cual no es una excusa. Debemos entender que la mayoría somos víctimas de otras víctimas, que en su momento fueron igualmente agredidas, creando una gran cadena de dolor. Sólo Dios sabe. Por providencia, cada cual tiene la elección de cortar y dar fin a los lazos que nos atan a ese dolor.

Las lecciones del alma no son el castigo de una ley impersonal de causa y efecto. Dios es personal. Las lecciones vienen por un Orden Misericordioso y amoroso donde un ser verdaderamente renovado puede liberarse en el instante mismo en que aprende la lección. Aunque existan ocasiones en que ya no se puede eliminar la estela de consecuencias de una falta, sí puede eliminarse el dolor de ambas partes, tanto del agresor como del agredido, superando así la lección. Este aprendizaje es muy diferente del arrepentimiento. Pues arrepentirse sin aprender la lección es el preludio a recaer en la falta y reincidir. Lo que sí podemos hacer, por otro lado, es responsabilizarnos por lo que sentimos y estar abiertos a la posibilidad de dejar ir el dolor constante que nos provoca la necesidad de venganza, junto al recuerdo del dolor que nos produjo la agresión. Existen faltas a primera vista imperdonables, por esta razón sólo podemos perdonar si contamos con la ayuda de la gracia divina de Dios, al darnos cuenta de que sólo nosotros mismos podemos dar el poder para que una acción en contra nuestra nos duela eternamente.

Sólo Dios a través de nosotros
puede trabajar el verdadero perdón.

¿QUÉ ES EL PERDÓN?

Perdonar no es excusar o condonar las acciones de otros, consiste en darse cuenta de que nada ni nadie pueden dañarte a menos que tú mismo le des el permiso para hacerlo.

El dolor ante los hechos es la interpretación y el valor que le das a la acción de esa persona que te ha herido. Si caminas por la calle y un borracho te grita cosas horribles, probablemente te ríes y no le das mayor importancia. Sin embargo, si una persona cercana a ti o conocida hace lo mismo, probablemente te ofenda y te duela quizás por toda una vida. Como verás, la acción es exactamente la misma, pero sólo tú puedes dar a los otros el permiso para herirte a través de lo que interpretas, o por el valor que le das a ese insulto, permitiendo en muchos casos que te lastime indefinidamente.

Perdonar no es olvidar, pero sí es dejar ir el dolor del recuerdo. Si puedes recordar un momento en el que te han herido y puedes contarlo sin la emoción negativa atada a ese recuerdo, significa que ya has perdonado. En cambio si sientes tristeza, ira, culpa o reproche, todavía lo estás viviendo, como un cáncer que te corroe y aunque no lo recuerdes conscientemente está ahí mortificando tus otras relaciones. Cuando puedas relatar ese momento como una anécdota y no como una tragedia, habrás superado ese paso trascendental y sabrás que has perdonado.

La falta la comete tu agresor la primera vez, pero de ahí en adelante la ausencia del perdón hace que tú mismo te hieras eternamente con el recuerdo.

Si quieres olvidarte de esa persona, dejarla libre es la única forma de hacerlo, pues mientras decidas no mirar de cerca esta situación para sanarla haces lo contrario: te mantienes ligado a la persona que te hizo la ofensa. La llevas atada a ti por medio de una cadena invisible y cada vez que la recuerdas le envías directamente tu veneno, pero no sin antes sentirlo en tu propio cuerpo.

La historia del carcelero preso

Había una vez una isla, donde tan sólo vivían dos personas: uno era un acusado y el otro un policía. Un día el policía decidió encarcelar al acusado, pero notó que había un problema, pues el policía, dado que no había nadie más en la isla, también tenía que estar todo el tiempo parado frente a la puerta de la cárcel, vigilando al criminal para que no se escapara. Aunque el policía era libre, tampoco podía disfrutar de su libertad y se sentía encarcelado.

Esto mismo sucede cuando no perdonamos: encarcelamos al otro pero también nos encarcelamos a nosotros mismos.

Ejercicio:

La Técnica del Perdón

Dios, su fuerza e inteligencia a través de ti son la única manera de manifestar realmente el milagro del perdón, de sanar el dolor por lo que otro te ha hecho.

Quizás tu dolor es tan grande que piensas que NO puedes o quieres perdonar, pero como sabes que te estás haciendo daño a ti mismo y a tus relaciones con los demás debes hacer un esfuerzo. La falta de perdón sobre una situación es la principal causa de enfermedades mortales, bien se ha visto a una persona sanar totalmente luego de un perdón.

1. *La técnica de apertura.* Hasta en los momentos que sientes que no puedes perdonar, es posible lograrlo porque Dios sólo necesita una apertura en tu corazón. No se trata de negar tus sentimientos, es aceptarlos y estar dispuesto. Basta pronunciar dos palabras mágicas: ESTOY DISPUESTO. «Estoy dispuesto a perdonar». Decir estas palabras y soltar y cada vez que regrese el pensamiento de dolor, repetir nuevamente: «Estoy dispuesto a perdonar por medio de mi Dios...». Al soltar tu dolor, vas a notar que Dios en algún momento te dará la perfecta oportunidad para hacerlo.

2. *Siente tus emociones, escribe y quema.* Para complementar el primer paso escribe en un papel toda tu experiencia. Escribe mientras sientes cada emoción de ira sin reprimirla. Por ejemplo: «Estoy sintiendo un dolor muy grande, tengo una opresión en el pecho, mis lágrimas son saladas. ¡Quiero gritar!». No reprimas el dolor, siéntelo. Si lo sientes lo trasciendes. Si lo reprimes, sólo lo albergarás en tu cuerpo. Vuelca en el papel toda tu ira, tu frustración y todos tus pensamientos. Cuando termines, toma el papel y quémalo. Al tirar las cenizas, pronuncia estas palabras: «Esto también pasará. Suelto y dejo ir todo rencor». Luego olvida y no pienses más en la situación.

3. *Ora por el bien de tu enemigo.* Quizás esto parezca lo más difícil, pero cada vez que venga a tu mente la imagen de la persona que te ha faltado envía una luz rosada de amor y pronuncia la siguiente oración: «Que Dios te proteja y que encuentres tu más alto destino de amor y felicidad, ése es mi deseo». Al principio, quizás tus palabras no fluyan con sinceridad, pero a medida que sigas con el ejercicio te aseguro que ocurrirán milagros. Muchas personas hieren a otras precisamente porque no tienen dicha propia. Estas personas al encontrar su propia felicidad liberan a los demás. Si practicas con fe y envías amor, es posible que cuando encuentres a esa persona nuevamente la veas diferente como resultado del verdadero perdón que le

otorgaste. Pero recuerda, no puedes controlar los pensamientos y las emociones de otra persona, sólo puedes escoger ver las cosas de otra manera.

De vez en cuando pasa inventario en tu vida y pregúntate si albergas en tu corazón resentimiento hacia otra persona, entidad o grupo. La meta es la de tener un corazón limpio de reproches y rencores.

Luego de practicar esta técnica, es muy posible que se te revele una verdad respecto a tu reto por medio de un encuentro o una información que hará que comprendas mejor la situación. Debes estar alerta, pues puede suceder en cualquier lugar y momento. Es importante que cuando llegue el encuentro con la verdad de la situación, estés dispuesto a actuar sin miedo ni orgullo, ya que estos factores pueden acabar por dañar la oportunidad. Espera el momento justo, si vas antes de tiempo puedes encontrar una pared, si esperas demasiado puede ser tarde y el rencor puede haber tomado más fuerza. Bajo la tutela de Dios hay un tiempo perfecto, cuando lo sientas, actúa y repite: «Estoy dispuesto a que mi ego sea humillado o herido a cambio de mi libertad sobre esta situación». Te aseguro que el cambio será altamente recompensado. Un ego dolido no es nada en comparación con el sufrimiento y dolor constante.

Existen situaciones donde el encuentro con otra persona no es lo más indicado, como pasa cuando te ves involucrado con un criminal o con alguien que te maltrata, que es adicto a las drogas o al alcohol, o como cuando te encuentras en la vida con alguna otra persona que te manipula o ejerce alguna clase de control enfermizo sobre ti, ya sea por codependencia o por obsesión, en esos casos el encuentro no es lo ideal y debes distanciarte. Nunca pases la mano sobre la cabeza de un perro rabioso, sin duda te arrancará los dedos, sólo ora, suelta y espera el momento adecuado. Puedes perdonar incluso a una persona que no está presente, que no está consciente, que convalece, o que ya ha muerto, dado que el alma nunca muere. Somos uno, y al estar todos conectados por una red invisible, este ser recibirá todos tus sentimientos, buenos o malos y de la misma forma, tú recibirás la respuesta correspondiente a tu sentimiento, afectándote de la misma manera, estés consciente o no.

No me cansaré nunca de repetir el enorme bienestar que experimento cada vez que perdono. De hecho, el solo acto de perdonar me trae el sueño que buscaba, me abre las puertas cerradas y resuelve los problemas estancados durante largo tiempo. Igualmente he visto una y otra vez cómo el simple hecho de leer esta técnica ha ayudado a muchos a resolver milagrosamente problemas largamente arraigados.

Paso N.º 6: Suelta, deja ir y permite

Es importante soltar, dejar ir y permitir, entregando totalmente la situación a Dios, sin esperar nada específico, ni que la solución venga como tú la deseas, ni que las personas reaccionen como quieres. Retira completamente tu apego al resultado. Si confías y logras desprenderte totalmente de la situación, el miedo, la culpa, la ira y la autocompasión desmedida, verás cómo la inteligencia de Dios, que rige todos los astros y el universo, lo resolverá. Desprenderse no es una forma de martirio, ni resignación, ni de inacción, por el contrario, es responsabilidad.

Cuando digo soltar, no quiero decir que hay que dejarle a Dios todo el trabajo, ya que debemos hacer nuestras propias elecciones, sólo que éstas deben ser por medio de Su guía. Asimismo, debemos estar dispuestos a errar y aprender de nuestros desaciertos porque sólo por medio de la práctica aprenderemos a discernir la guía correcta.

La historia del sabio y el viajero

Un viajero en el desierto conversaba con un sabio sobre la Voluntad de Dios y sobre si debía confiarle todo a Él.

Cuando el viajero le preguntó al sabio:

—¿Qué puedo hacer en el desierto? ¿Dejo suelto mi camello y confío en Dios?

El sabio le respondió:

—Ata tu camello y confía en Dios.

Cuida tus pertenencias y tus afectos en el día a día, sé íntegro y coherente con tus valores. Entrega tu vida a Dios, pero sigue presente y hacendoso.

Entrega tu vida a Dios sabiendo que de todos modos no tienes ningún control sobre cómo las circunstancias van a resolverse, sólo puedes controlar, por así decirlo, eligiendo tu actitud, tus nuevos pensamientos y tus nuevas elecciones.

Es importante que no manipules ni trates de resolver las cosas con tu mente, deja que todo fluya y permite que las cosas se desarrollen naturalmente. Pero, eso sí, mantente alerta, escucha tu voz interior y actúa en el momento indicado, cuando las señales sean tan claras que no puedas obviarlas.

«Dejar ir significa desprendernos del resultado.
Cuando nos entregamos a la voluntad de Dios,
dejamos ir nuestro apego a cómo las cosas van a desarrollarse
fuera de nosotros, para prestar más atención a cómo las cosas
van a desarrollarse en nuestro interior».

MARIANNE WILLIAMSON

LA RECONEXIÓN

Si en algún momento sientes que tu conexión con Dios se ha deteriorado, puedes retomarla con una simple y poderosa oración: *El Padre Nuestro.* Si eres cristiano, probablemente has rezado esta oración mil veces, y precisamente allí reside el problema, porque cuando rezas repites y es sólo tu mente la que habla desde la memoria, mientras que cuando oras, entras en tu corazón y sientes el significado de cada palabra.

Esta plegaria pronunciada con el sentido y la intención que se creó puede cambiar tu vida drásticamente, ya que contiene el mayor secreto: hacerte entrar de nuevo en contacto y reconectarte con la esencia de Dios.

EL SIGNIFICADO SECRETO DEL PADRE NUESTRO

Oración	**Significado**
Padre Mío	*Mi único Dios*
Que estás en el cielo	*Que estás en el más alto grado de conciencia*
Santificado sea Tu nombre	*Tu nombre es sagrado para mí, sólo Tú eres mi luz*
Venga a mí Tu reino	*Quiero gozar de tu más alta conciencia, ahora, aquí en la tierra*
Hágase Tu Voluntad	*Te entrego mi total voluntad a ti (la conexión)*
En mí, en la tierra, como es en el cielo	*Que se haga Tu voluntad en todas las áreas de mi vida, y se manifieste como ya ha sido creada en el cielo.*
Dame hoy tu pan de cada día	*Confío y dependo sólo de ti para que colmes mis necesidades.*
Perdona mis ofensas	*Ayúdame a perdonarme a mí mismo, derrama tu gracia divina sobre mis ofensas.*
Como (yo) también me perdono a mí mismo y a los que me ofenden	*A través de ti estoy dispuesto a perdonar a los que me ofenden.*
Más no me dejes caer en la tentación	*No permitas que caiga en la duda (desconexión) y persiga sueños equivocados.*
Líbrame del mal	*Líbrame del ego.*
Amén	*Gracias por hacer que esto sea así, porque ya está hecho.*

Finalmente da gracias de nuevo porque toda tu vida ya ha sido resuelta en la Voluntad de Dios.

Paso n.º 7: Divulga el mensaje

Imagina que Dios y Sus ángeles miraran el planeta desde el cielo. Desde el espacio se verían rayos de luz roja y rayos de luz verde. Los rayos de luz verde indicarían al creador las personas dispuestas a ser Su instrumento de expresión incondicional, mientras que los rayos de luz roja corresponderían a las personas cerradas a la energía Divina y manejadas por el ego.

¿QUÉ COLOR EMANAS TÚ?

Una vez te conectas a la Voluntad, tu vida cambiará, no importa lo que sientas que hayas perdido, ya sea salud, una relación, un ser querido, tu negocio o una propiedad, poco a poco verás que tu salud mejorará, tus finanzas se estabilizarán, en fin, todas estas áreas recobrarán su debido rumbo armonioso y retomarás tu paz interior, que al final es el tesoro más importante que puedes poseer.

Si lo tuvieras todo pero te faltara la paz interior, no tendrías nada; pero si no tuvieras nada, y aún te quedaran Dios y Su paz, lo tendrías absolutamente todo.

El resultado natural de la paz interior es el verdadero secreto de la ley de la atracción, pues estando en este estado todo lo que necesitas realmente llega a ti, y de la misma manera todo lo que ya no es necesario para tu evolución va desapareciendo automáticamente.

Para que este estado de paz interior y conexión sea duradero es necesario completar el último paso de la conexión: compartir con los demás y ayudar a otros a encontrar su conexión con Dios, no por medio de predicar ni de tratar de convencer, sino a través de la expresión natural de tu nuevo Ser. Es divulgar el mensaje gracias a tu paz, tu luz y tus nuevos valores y lograr de forma espontánea que también otras personas encuentren su camino.

Cuando alguien pregunte cómo estás tan lleno de paz, éste es el momento de compartir con los demás otorgando todo el reconocimiento de tus dones, ventajas y éxito a la fuente real que es Dios. De esta forma estás aplicando el agradecimiento y a la vez entregando el reconocimiento a quien en realidad lo tiene: Dios, que es la fuente y el origen de todas nuestras bendiciones.

La historia del verdadero inventor del telégrafo

En una entrevista a Samuel Morse, coinventor del telégrafo y del código de señales que lleva su nombre, le preguntaron si alguna vez durante sus experimentos en la universidad se sintió frustrado, perdido o en situaciones sin salida. Morse entonces respondió con un contundente:

—Sí.

Y al ser interrogado acerca de la solución a estos momentos, él respondió:

—Pedí un poco de luz.

Y cuando le interrogaron nuevamente acerca de si Dios lo ayudó; él dijo:

—Claro que sí, es por esta razón que no me siento digno de los honores que me brindan, pues Dios quería hacer este regalo a la humanidad y estoy agradecido que me haya escogido a mí para realizarlo. Por esa razón, le estoy muy agradecido.

Gracias a esta entrevista se comprende claramente el primer mensaje que trasmitió Morse a través del telégrafo: «¡Qué maravilla ha creado Dios!».

De igual manera, Dios está buscando cómo brindar millones de regalos a la humanidad por medio de aquellas manos que estén dispuestas a ser Su instrumento. Morse simplemente tenía la «luz verde» hacia Dios, y fue escogido entre los otros científicos para imaginar y materializar esta invención, pero lo más importante de todo, es que Morse nunca olvidó dar el debido crédito a su fuente de inspiración, pues la imaginación no es otra cosa que la habilidad de poder recrear las ideas de Dios, en la Tierra.

Cada persona que ayudes en el camino sumadas a todas las personas que ellos a su vez ayuden traerán más bendiciones para ti. Las bendiciones trabajan como una compañía mágica de mercadeo multinivel, lo que hagas hoy por alguien repercute en la misma intensidad para ti mismo y para otros, con el objetivo final de crear una cadena de amor, que encienda miles de «luces verdes» en la tierra.

VIVIENDO LA CONEXIÓN CON DIOS

Vivir en conexión con Dios toma determinación y práctica. A pesar de ser el estilo de vida más promovido por las principales religiones, son muy pocas las personas que realmente viven esta entrega total. Para algunos es muy fácil entregarle a Dios la seguridad de sus hijos, pero no consiguen desprenderse del control sobre sus bienes materiales. Mientras que otros entregan su estado de salud fácilmente, pero no le entregan a Dios la relación amorosa quizás por temor a perder a la persona amada.

Paradójicamente, el hecho de estar dispuesto a caminar conscientemente y depositando en Dios todas las cargas es el comienzo de la solución más sencilla y más eficaz para resolver todos los problemas, sin excepción: ya sean problemas físicos o espirituales.

Al estar viviendo la conexión, muchas situaciones serán reveladas para tu mayor bien, es importante estar dispuesto a dejar ir lo que ya no te conviene. Si lo permites, y como ocurre en invierno cuando las hojas se caen de los árboles, las personas y situaciones que no son parte de ese camino se irán. Suéltalas y déjalas ir sin dolor. Sólo experimentarás sufrimiento aferrándote a lo que ya no funciona.

Al final, sólo Dios sabe qué relación, trabajo o situación realmente te conviene mantener o cuál de ellas debes dejar ir para que llegue a tu vida algo mejor. Trabajar desde esta conciencia conlleva mucha voluntad y persistencia, pero la recompensa es siempre mayor que la aparente pérdida. El camino de la conexión puede sentirse rápido o lento, todo depende de cuánto tiempo llevas arraigado en el distorsionado deseo y cuánta inversión mental has depositado en el camino erróneo de tus viejos pensamientos. Ahora debes tener toda la predisposición a la paciencia, pues mientras más practicas entregar tu voluntad a Dios, más se limpia el conducto de tu conexión con Él para que puedas reconocer más y más milagros. Una vida milagrosa debería ser tu estado natural.

Personalmente, desde que estoy practicando este sendero de entrega total a Dios, he visto cómo, maravillosamente, al aceptar Su guía de una forma incondicional, situaciones estancadas y sin remedio simplemente se disipan. Todo lo que necesito llega de forma natural y la información precisa me es revelada. Cuando estoy a punto de cometer un terrible error, en el campo que sea, Su guía me protege por medio de un imprevisto giro en sentido contrario.

CONFÍA Y DÉJATE LLEVAR

Imagina un piloto de avión acostumbrado a un viejo sistema manual y a sus antiguos instrumentos de vuelo. ¿Cómo será para él cambiar de repente a un nuevo método de navegación? Seguramente para el piloto será todo un reto acostumbrase a soltar el control de su avión a un novedoso sistema de control computarizado, que tomará el mando de la aeronave. Probablemente los primeros días se sentirá inseguro, se cuestionará y varias veces intentará intervenir y manipular el nuevo sistema de control. Los primeros días también tendrá deseos de regresar a su viejo sistema habitual, a pesar de ser consciente de que sus viejos instrumentos jamás podrán superar a los modernos.

Cuando nuestro piloto permita que el nuevo sistema inteligente lo guíe, desde ese momento tendrá toda la visibilidad, incluso a través de la niebla más espesa, llevándolo con su guía inequívoca a una pista segura. Tal como el piloto, las personas se familiarizarán a dejar el control de su vida en las sabias manos de Dios. Seguramente durante los primeros días sentirán el deseo de regresar a su viejo sistema pero poco a poco confiarán en el nuevo Plan de viaje.

Cambiar el antiguo sistema de vida guiado por la mente, el ego y las emociones (los viejos instrumentos), para comenzar una nueva forma de guía a través de nuestros sentidos internos conectados con Dios (nuevo sistema de navegación), puede tener sus retos y es normal que te sientas un poco extraño al principio. Pero a medida que te acostumbras llegarás a tener confianza en Dios y te darás cuenta de que si bien nosotros podemos errar en nuestra percepción limitada, la conexión Divina es infalible y nunca te fallará.

Recuerda que si en algún momento dudas y te sientes perdido o desconectado, basta repetir con fe «ESTOY DISPUESTO» para así retomar tu conexión con Dios.

Ejercicio:

Prácticas diarias

El resultado de lo que eres hoy es el conjunto de miles de minúsculas elecciones y decisiones diarias. Si no eres consciente de ello, las oportunidades de vivir estas valiosas elecciones se desvanecerán entre tus manos. Por lo tanto, te animo a que hoy mismo comiences a dar estos pequeños pasos hacia una vida consciente, armoniosa, conectada y en propósito en las diferentes áreas de tu vida.

Guía para tus prácticas diarias

Después de realizar el Proceso de Conexión, escribe en una libreta las reflexiones sobre cada área de tu vida, tanto de lo que funciona como de lo que no va tan bien. Luego escribe y visualiza tu estado ideal y describe paso a paso cómo propones mejorar tu vida. Por ejemplo, si tu propósito es comenzar un legado para alimentar a miles de niños, comienza hoy invitando a comer al primer niño; si tu reto es tener abundancia, comienza por invertir bien un dólar; si tu reto es dejar el alcohol, dile no a la primera copa que te ofrezcan. A continuación, encontrarás los pequeños pasos que a mí me funcionan para mejorar cada aspecto de mi vida:

1. *Silencio y autoobservación.* Por la mañana, levántate una hora antes que las demás personas en tu casa, de esta manera te garantizarás un momento de tranquilidad, sólo para ti. Despierta antes que el primer pensamiento entre en tu mente, pues es ese primer pensamiento el que usualmente decide cómo te vas a sentir durante el resto del día; el verdadero significado de levantarte con el pie izquierdo es que te has apegado a un pensamiento negativo o de preocupación a primera hora del día. Busca un lugar tranquilo de tu casa y observa sin prejuicio dónde está tu pensamiento y corrígelo si es necesario, buscando el pensamiento positivo correspondiente.
2. *Meditación.* Puedes practicar la Meditación del Arco Iris o la respiración De Luz o cualquier otra práctica que relaje tu mente.
3. *Proceso de Conexión.* Practica El Proceso de Conexión y una vez te hayas conectado conscientemente será más fácil mantener la comunión a diario, sólo requerirá repetir la oración de conexión, el Padre Nuestro.
4. *Presencia.* Practica experimentar el mundo y su presente con todos y cada uno de tus sentidos: es el verdadero «estar despierto».
5. *Cuerpo físico.* Diariamente practica algún tipo de ejercicio físico. Practicar Yoga o caminar por la mañana es muy beneficioso. Luego, a la hora de comer toma mejores decisiones en cuanto a lo que comes. Aléjate de las drogas y el alcohol, que tienen la capacidad de desconectarte al instante. Hazte revisiones médicas anuales, dado que es mejor prevenir que curar.
6. *Abundancia.* Revisa esta área y da un paso, ya sea haciendo una llamada a un deudor, cobrando una antigua deuda, ahorrando el primer dólar o apuntándote a un curso para aprender más sobre un negocio. Recuerda también que es importante dar a quien más lo necesita.

7. *Espiritualidad.* Lee un libro que te inspire, practica una visualización, medita, eleva una oración a Dios o visita la iglesia. Da un primer paso para sentirte más conectado espiritualmente.
8. *Servicio.* Ayuda a un amigo o planifica un legado. Haz algo por alguien a diario.
9. *En tu relación de pareja o personal.* Da un paso para mejorar tu relación de pareja, comparte sueños y metas, dile al otro que lo amas. Si estás solo, haz algo por ti mismo, demuéstrate que te amas.
10. *Familia.* Decide comenzar a sanar una relación con un familiar, pasa un tiempo especial con tu familia, visita a tus padres o lleva a tu hijo al parque.
11. *Tu verdadero propósito.* Da el primer paso hoy para encontrar tu verdadero propósito; si no lo has encontrado, hazte una pregunta de apertura para encaminar tu búsqueda, como por ejemplo: ¿eres feliz en tu trabajo? Y, lo más importante, al conectarte a Dios escucha solamente sus direcciones y actúa con amor.

Prácticas diarias

- *Silencio y autoobservación*
- *Meditación*
- *Proceso de Conexión*
- *Práctica de la presencia*
- *Un paso para tu cuerpo físico*
- *Un paso para tu abundancia*
- *Un paso para tu espiritualidad*
- *Un paso para tu servicio*
- *Un paso para tus relaciones personales*
- *Un paso para tus relaciones de familia*
- *Un paso para tu verdadero propósito*

CAPÍTULO 21

HERRAMIENTAS Y ESTRATEGIAS

12 HERRAMIENTAS DE PODER Y 3 ESTRATEGIAS

Tras el Proceso de Conexión con Dios, comienza el verdadero trabajo. Como el árbol que para crecer necesita luz, alimento, agua y protección, nosotros necesitamos de los mismos elementos para resurgir como seres humanos en Su más alta expresión y también necesitamos protegernos y eliminar de nuestras vidas las malas hierbas: miedos, ira, culpa, preocupación, duda y estrés. Por esta razón es importante que conozcas las herramientas de poder y las estrategias para eliminar cualquier obstáculo en tu vida.

Paulo Coelho nos describe como guerreros de la luz, y es que en realidad eso somos, pues en la escuela de la vida hay que lidiar muchas batallas para proteger nuestra paz y garantizar una conexión divina duradera. Todo guerrero tiene sus armas. Las armas del enemigo (el ego) son poderosas e intentarán llenarnos de miedo a base de engaño, separación, muerte e ilusión, pero nosotros poseemos un poderoso escudo contra esas armas, nuestra conexión con Dios.

1.ª herramienta de poder: El valor

Llevar a cabo tu propósito no es un cometido pequeño, requiere voluntad y valor para ACEPTARTE COMO ERES, para soltar tu pasado y el control, para arriesgarte y romper con tu zona de comodidad. Sólo con valor podrás vivir la vida que realmente te toca vivir.

2.ª herramienta de poder: El pensamiento

Una de tus armas más poderosas es el pensamiento. Si lo utilizas bien, el pensamiento actúa como un rayo que materializa la energía; cuando está alineado y se mantiene de forma repetitiva, el pensamiento crea cosas y situaciones positivas. El pensamiento no es sólo una voz en tu cabeza, es una máquina del tiempo, ya que lo que piensas hoy puede convertirse en realidad en tu mañana. Aunque el poder del pensamiento es grandioso, no olvides que más poderoso es el silencio acompañado por la Voluntad de Dios.

3.ª herramienta de poder: La imaginación

La imaginación consiste en la habilidad de visualizar claramente el Plan que Dios tiene para ti. La imaginación es un don que hemos perdido y debemos recuperar cuanto antes liberándonos de las imágenes prefabricadas que nos impone la sociedad y los medios de comunicación. La imaginación también crea cosas. Cuando el alimento que se da a la imaginación es dañino, como en el caso de los juegos de vídeo violentos, se está dando una herramienta errada, ya que se está estimulando la imaginación para el uso de la violencia, en vez de la paz.

La imaginación es imprescindible para ensayar una nueva vida, un nuevo mundo, un nuevo camino y una mejor manera de hacer las cosas. Gracias a tu conexión con Dios experimentarás una imaginación iluminada, que produce la visión consciente, por medio de las ideas más brillantes, las invenciones que ayudarán al mundo y con historias que inspirarán al bien. La imaginación que está acompañada de la visión de Dios es una imaginación iluminada, mientras que la imaginación sin visión es un ente sin conciencia que sólo busca beneficiarse a sí misma.

Cómo utilizar la imaginación

Una vez estés firme en tu conexión con Dios, puedes practicar estos pasos con conciencia. La técnica de visualización que utiliza la imaginación como herramienta sirve para tener acceso a la visión de Dios de un futuro diferente, tanto para ti como para los demás.

Ejercicio

Cómo visualizar

La mayor parte de las personas utilizan la visualización de forma inconsciente. Un campeón de natación, por ejemplo, se ha visto en el podio a través de su ojo interno mil veces antes de recibir su medalla. También, ha nadado mentalmente en la piscina en la que más tarde nadará físicamente. De la misma manera que un arquitecto ha proyectado en su mente su edificio, mucho antes de construirlo ladrillo por ladrillo, tú puedes visualizar tu propósito. Relájate en un lugar tranquilo a cualquier hora y ayúdate por medio de la respiración aunque el mejor momento es antes de acostarse.

1. Invita a Dios a que te confirme si tu visión está en propósito y entra en Su Plan.
2. Céntrate en tu ojo interior, el punto de referencia de la visión interna eres tú como observador. En otras palabras, no te ves caminando: tú estás caminando.
3. Sueñas despierto y ensayas en tu mente el objeto de tu visualización, al mismo tiempo que te desprendes del logro y dejas todo el resultado en manos de Dios.

4. Por ejemplo, ponte en la piel del nadador que participa en una carrera. Primero te visualizas nadando, sintiendo el agua, oliendo el cloro de la piscina, probando el sabor del agua. Luego te ves en el podio, sintiendo la emoción de haber logrado tu objetivo. Utiliza los cinco sentidos junto a la emoción resultante. Sustituye el ejemplo del nadador con tu propia visión.
5. Al finalizar la visualización, da gracias a Dios por lo que visualizaste y procede a recibir información de Él sobre los pasos que debes dar para lograr Su objetivo.

Utiliza esta técnica para crear una estrategia, un plan, un legado que ayude al mundo. Esta técnica la utiliza a diario inconscientemente, tanto el doctor para llevar a cabo una complicada cirugía como el ladrón antes de robar un banco. Por eso es imperativo, antes de recibir la visión, estar conectado con Dios, pues el ego puede también engañarte con sueños falsos. Los deseos egoístas nunca tienen un buen resultado final. Florence Scovel Shinn, autora de *El juego de la vida y cómo jugarlo*, lo describe magistralmente con el ejemplo de una mujer que codiciaba vivir en la casa de su vecina y se visualizaba constantemente viviendo en ella. Al final su casa se quemó trágicamente y la mujer terminó tal como lo había visualizado: viviendo en la casa de su vecina pero como huésped temporal.

Por esta razón no puedes pedir cosas específicas a menos que vayan acompañadas de una cláusula de protección.

Cláusula de protección para un sueño

Padre mío, tengo un sueño...
Siempre y cuando este sueño sea Tu Voluntad
y parte de Tu plan para mí.
Pido este sueño, o uno diferente,
uno mejor, o el que consideres adecuado,
'Tu equivalente' para mí...
Que este sueño sea en armonía

para todos los implicados en él.
Protégeme, Dios,
hasta de mis propios sueños egoístas.
Acepto totalmente el resultado final
y dejo ir cualquier apego a él.
Gracias por haberme escuchado,
pues conoces mis sueños
antes que hayan llegado a mí.
Gracias por haberme concedido el sueño,
a través de Tu más alta voluntad.

Firmado:
Escribe tu nombre aquí............................

4.ª herramienta de poder: El poder de la palabra

«En el principio, el Logos [la palabra] era Dios», reza el Génesis. Desde esta perspectiva el proceso de creación tendría estas etapas: un pensamiento (mente) que se materializa y se autoexpresa por medio de la palabra (el verbo). Por lo tanto el universo es un-verso, un maravilloso sonido que se escucha a través de la eternidad.

Tan poderosa es la palabra, que es capaz de decretar, crear y traer a la realidad amor, paz, salud y vida; pero también tiene la habilidad de destruir, causar discordia, declarar guerra y dictar la muerte. Puedes bendecir (bien-decir) de la misma forma que puedes maldecir (mal-decir). Siguiendo ese mismo orden de ideas: sé siempre transparente con tus palabras, con la verdad, con la integridad. No digas cosas por decirlas, no hagas compromisos que no puedas cumplir, no digas lo que no sientes. Cuando alguien te dice algo sobre ti que no es cierto, no le creas, no creas las voces de la oscuridad, ni del ego ni entres en el juego de divulgar palabras referidas a enfermedad, juicio, miedo y odio. Por último, es igual de importante que nunca te mientas a ti mismo.

5.ª herramienta de poder: La oración

La oración es nuestra forma de pedir ayuda cuando nuestro barco se ha extraviado, es nuestra manera de enviar una luz de bengala al cielo para que nuestra petición sea considerada. La oración es la mejor fórmula para pedir ayuda a Dios. Debes hacerla desde el corazón, sintiendo cada palabra. La oración, en realidad, está diseñada para ofrecernos paz en el momento en que la pronunciamos, ya que toda petición siempre es escuchada antes de su manifestación. Por lo tanto, la oración siempre debe estar acompañada por un sentimiento de certeza y agradecimiento, usando las palabras de Jesús como ejemplo y repitiendo con frecuencia: «Padre, gracias porque sé que siempre me escuchas; que se haga Tu más alta Voluntad».

6.ª herramienta de poder: La meditación

Si la oración es nuestra luz de bengala al cielo, el silencio es la frecuencia necesaria en nuestro radio comunicador para recibir Sus instrucciones. Sólo en el silencio podremos recibir la guía divina. Para ayudarte a entrar en este estado, los ejercicios de respiración son muy efectivos. Existe también una sencilla meditación capaz de crear el silencio necesario para recibir tu milagro.

Ejercicio

Meditación del Arco Iris

Esta meditación sencilla me la enseñó un querido maestro de nombre Alexander Everett, uno de los creadores del curso más importante sobre el potencial humano, quien también estaba convencido que la solución para todos nuestros problemas residía en la conexión con Dios. Esta meditación te ayuda especialmente a estar centrado. Así como existen ocasiones en que un pequeño comentario puede tener la capacidad de sacarte de combate por un día completo, el estar centrado es tu escudo y una forma para evitar la vulnerabilidad frente a las energías negativas que puedan afectarte. Las artes marciales te muestran cómo encontrar tu centro de equilibrio, ya que prácticamente es imposible derribar a un guerrero «anclado» en su zona de poder respecto a la tierra. Igualmente, la meditación te ayuda a mantener este «centro». Cuando estás centrado, tu enemigo, por llamar así a las situaciones de reto que pueden presentarse, simplemente ya no podrá sacarte de tu centro o equilibrio. Así vemos que ya se trate de una mala noticia, un altercado con tu pareja o un giro en tu vida, cuando estás centrado, estás preparado a no reaccionar negativamente a lo imprevisto.

1. Busca un lugar tranquilo, cierra los ojos y respira profundamente. Deja ir las preocupaciones del día y si tienes algún pensamiento sólo obsérvalo y déjalo ir sin resistirte. Acto seguido, imagina un gigantesco arco iris y prepárate para subir y traspasarlo, como si de un baño de colores se tratara.
2. Imagina cómo los colores del arco iris cubren todo tu cuerpo, comenzando por el rojo, mientras visualizas un rubí con un precioso color rojo como el de una manzana que envuelve todo tu cuerpo. Medita y repite esta frase en tu interior: «Mi cuerpo está relajado, tranquilo». Experimenta una sensación de abundancia y seguridad.
3. Imagina cómo el color naranja brillante cubre todo tu cuerpo emocional mientras visualizas el color anaranjado, piensa en una naranja y en una luz de ese color que brilla y envuelve todo tu cuerpo emocional. Medita y repite esta frase en tu interior: «Mi cuerpo emocional está sano, soy hermosa, atractiva, joven. Soy sexualmente saludable. Soy creativa. Estoy libre de ataduras».
4. Imagina cómo el color amarillo brillante cubre todo tu cuerpo mental. Mientras visualizas el color amarillo, piensa en un

sol y su luz resplandeciente envolviendo tu cuerpo mental. Medita y repite esta frase en tu interior: «Mi mente está tranquila, tomo control de mi vida y de mi situación, de una forma responsable, tengo confianza en mí, en otros y en Dios. Tengo poder para crear, para resolver problemas, para desarrollar soluciones y proyectos, para tomar decisiones. Dejo ir el control a situaciones que no puedo cambiar, dejo ir la necesidad de controlar a otros».

5. Imagina cómo el color verde brillante cubre todo tu cuerpo de amor mientras visualizas el color verde, piensa en un prado verde y experimenta el amor palpitando en tu corazón. Medita y repite esta frase en tu interior: «Amo y acepto a los demás, me amo a mí misma, por lo tanto puedo amar a mis semejantes y al mismo tiempo mi amor es correspondido. Mi corazón está limpio. Mis relaciones familiares están llenas de amor, comprensión y respeto. Amo con límites saludables, pero sin ataduras. Perdono y soy perdonada. Soy amor. Dios me ama, siento el amor de Dios en mi corazón».
6. Imagina cómo el color azul brillante cubre todo tu cuerpo, mientras visualizas el color azul a través de un mar brillante. Medita y repite esta frase en tu interior: «Puedo comunicar lo que necesito sin herir a los demás, puedo decir la verdad en todo momento. Mi palabra es oro, tengo palabra en toda circunstancia. Puedo pedir y expresar mis necesidades libremente, también puedo escuchar a otros y entenderlos. Comprendo y soy comprendida. No hay malos entendidos».
7. Imagina cómo el color índigo brillante cubre todo tu cuerpo y se centra en tu tercer ojo o entrecejo mientras visualizas el color azul índigo por medio de un cielo azul oscuro, en el crepúsculo, iluminándote a través de un rayo de luz. Medita y repite esta frase en tu interior: «Dios me revela una visión hermosa de mi futuro, veo más allá de las apariencias, no juzgo. Estoy dispuesta a ver las cosas como son y siempre se me revela la verdad de cualquier situación».

8. Imagina cómo el color violeta claro ilumina todo tu cuerpo mientras visualizas un cono brillante de luz lila invertido con la parte ancha en dirección hacia el cielo. Medita y repite esta frase en tu interior: «Hoy me permito recibir la total dirección de Dios. Me siento en comunión con Dios todo el tiempo gracias al Proceso de Conexión para que se cumpla Su Voluntad a través de mí en todo momento».

Repite toda la secuencia de colores empezando esta vez por el último, el violeta claro y terminando con el rojo. Acto seguido te estiras ligeramente primero y luego, poco a poco, cuando estés lista y regrese tu conciencia al cuerpo, abre los ojos y da las gracias. Practica esta meditación cada mañana y descubre sus impresionantes beneficios, entre los que cabe destacar:

1. Equilibra todas tus áreas.
2. Evita las enfermedades.
3. Calma el sistema nervioso.
4. Suaviza las emociones fuertes.
5. Apacigua la mente.
6. Relaja el cuerpo.
7. Permite que tu conexión con Dios se mantenga limpia.
8. Mejora tu visión de la vida.
9. Potencia tu creatividad.
10. Eleva tu autoestima.
11. Te proporciona paz interior.
12. Te protege contra la depresión.

Después de practicar la meditación durante treinta días seguidos, su secuencia se graba en tu subconsciente. A partir de ese momento, cuando no tengas tiempo puedes practicar en su lugar una versión de pocos minutos igualmente muy efectiva. En esta versión corta, la meditación consiste sólo en imaginar cómo el baño de colores en la secuencia aprendida te relaja.

7.ª herramienta de poder: El amor y la compasión

Un corazón amoroso es capaz de perdonar y perdonarse a sí mismo una y otra vez tanto por los errores propios como por los de los demás. Cuando en la vida te dejes guiar por el amor, el camino hacia tu propósito será mucho más fácil. Mucho se habla de la excelencia y de la importancia de la eficiencia a la hora de brindar un servicio, pero en realidad el único ingrediente que necesitamos es el amor. El amor conlleva la excelencia, en cambio cuando hacemos algo por obligación o por reconocimiento, nuestras acciones están llenas de afán, reproche o preocupación y los resultados lo reflejarán. El dar amor junto a la compasión, entendida como aliviar la carga del otro desde tu corazón, sin esperar nada a cambio es la clave para la plenitud.

Primera estrategia: El buen humor y el optimismo

Es importante no tomarse las cosas demasiado en serio y vivir la vida como un juego y con humor. Si pierdes una jugada, si hiciste todo el esfuerzo y nada conseguiste, sonríe, pues mejorarás tu juego en el próximo paso; cada error es una práctica para perfeccionar tus jugadas. Si vas a toda prisa, tropiezas y el agua sucia de un charco te salpica en la ropa, ríete de ti mismo, límpiate como puedas y prosigue tu camino. La finalidad del juego de la vida es disfrutar cada jugada, perdida o ganada. En la escritura existen licencias literarias en la que el escritor se toma el permiso de romper una que otra regla del lenguaje. Igualmente en la vida para crear tu estilo propio permítete alguna licencia de vez en cuando, no te lo tomes demasiado en serio y recuerda que hay días en que puedes colorear fuera de las líneas.

8.ª herramienta de poder: Tu voz interior

¿Qué dice tu corazón? ¿Sabes escucharlo? Si no podemos escuchar nuestra voz interna, apagada por miles de opiniones y pensamientos conflictivos, nunca tendremos la certeza de saber cuál es nuestro propósito y tampoco tendremos paz. Y si no nos atrevemos a seguir nuestro corazón y a actuar según sus dictámenes, nunca evolucionaremos como personas. Sigue tu corazón porque en tu corazón vive Dios.

¿CÓMO ES LA VERDADERA VOZ INTERIOR?

La voz interior es mejor conocida como «intuición», palabra que viene del latín *intueri* o 'ver en tu interior'. Es la voz de Dios que vive en ti y no se encuentra ni en la razón, ni en la mente. La intuición es el idioma del Creador y se encuentra en el silencio. Es continua y certera, es suave y constante, y como el sonido de un tambor sigue latiendo, recordándote que tienes un camino ideal. No importa cuántos años lleves lejos de tu sendero, ni cuántos errores hayas cometido, la voz del corazón sigue latiendo constante y persistente, recordándote tu verdadero norte. La voz del corazón nunca reprocha, no te juzga y jamás te hace sentir culpable. Cuando finalmente la escuchas, ya no puedes negarla y como un sol ilumina todo tu ser revelando las situaciones que no son afines a ese sendero.

Ver más allá de las apariencias, escuchar más allá de las palabras... Los sentidos espirituales, los cuales corresponden a los cinco sentidos físicos, nos brindan la habilidad de ver más allá de las apariencias y de escuchar más allá de las palabras, y esto sólo lo haces cuando escuchas tu voz interior y estás conectado a Dios.

¿CÓMO RECONOCEMOS EL CAMINO CORRECTO?

El camino correcto fluye como el agua de un río, viaja por encima de rocas y arbustos y no se detiene por los aparentes obstáculos. El camino ideal tiene inteligencia propia, hace sus agendas, sus citas, te presenta personas nuevas y situaciones afines a tu nuevo destino atrayendo lo que desea para ti, alejando los obstáculos y todo elemento que no fluye.

Cuando la Madre Teresa percibía un conflicto entre sus sueños y la realidad simplemente decía: «Si no sucede y no se da ese proyecto, es porque sencillamente Dios no está interesado».

El camino correcto se siente bien y, a pesar de cualquier miedo, una llama positiva de expectativa sigue encendida. Aunque olvides cuál es tu camino ideal y te pierdas tomándote un aparente descanso, tu destino regresa a ti sin darse por vencido.

Un sendero equivocado no te permite la paz, pues ser totalmente fiel a tu integridad es el compás que te lleva seguro por esas aguas. Nunca tomes un camino que sientas que es equivocado, aunque te prometa un futuro más brillante.

No es el camino que te corresponde seguir si tienes que comprometer alguno de tus valores. Si un camino es el incorrecto, aunque luzca pavimentado e iluminado lo sabrás, porque si compromete tu integridad, si tienes que mentir a otros o a ti mismo, si tienes que venderte a cambio de tus valores, si tiene un precio, ya sea emocional o económico, si dañas a otros por medio de tus ventajas, si comprometes a los tuyos, si le quitas algo a una persona, ya sea una oportunidad, algo físico, la paz, o alguna relación, en fin, si no es un camino armonioso, no es el camino correcto, por lo tanto, retírate.

El miedo no es la mejor motivación para hacer una elección, a menos que sea para escapar de un tigre.

Antes de tomar un nuevo sendero, pregunta si realmente es nuevo, o si es una vieja ruta del pasado, pero disfrazada como nueva. No hay por qué tomar el camino errado dos veces. Para que no te confundas pregunta si el nuevo camino es verdaderamente congruente con la visión que Dios tiene para ti en el futuro. Por último, no dejes de preguntar si cierto camino encantado no es sólo una tentación que solamente te llevará a experimentar una grata sensación pasajera, a cambio de sufrir terribles consecuencias a largo alcance, como sería en el caso de practicar sexo sin protección, o fuera del matrimonio, o en el caso de consumir una droga alucinógena.

El hecho de sentirte bien no siempre es indicativo de que estás en un camino correcto. A veces lo que sentimos puede engañarnos.

¿CÓMO FUNCIONA EL COMPÁS?

Curiosamente, en mi caso, cuando voy a tomar una decisión equivocada, mis hombros y mi cuello me lo dejan saber, tensándose de forma extraña. En tu caso puede ser el estómago o la espalda que protesten. Escucha tu voz interior y sus señales, que siempre te avisan si vas por buen rumbo. Escucha tu voz interior, a veces te hace saber cuándo estás equivocado con una queja persistente, mostrándote que no vas por buen rumbo. Nunca lo hace con culpa ni reproche, ni diciendo nada negativo de ti mismo.

Al compás, yo le llamo con-paz, pues el camino correcto te trae precisamente eso: la paz.

¿CÓMO TE SINCRONIZAS AL CAMINO CORRECTO?

Tus sueños y los sueños de Dios son uno. Primero te sincronizas con tu voz interior y con Dios por medio del silencio, la respiración, la oración positiva, la visualización creativa, la meditación y la contemplación. Vives en el presente, sustituyendo cada pensamiento de duda, culpa y dolor por uno de fe y esperanza. Recuerda: «Busca primero el Reino de Dios y todo lo otro te será dado». Busca primero el camino que Dios tiene para ti, sueña, fluye, elige y, cuando las señales sean tan claras que ya no tengas dudas, entonces actúa y realiza las cosas con amor.

Segunda estrategia: Elige un camino

No tomes una decisión, simplemente, elige un camino. La palabra decisión viene de cortar, separar y descartar otras posibilidades; es una palabra fuerte que hay que utilizar con cautela. Por el contrario, el verbo elegir es más suave y flexible y hace referencia a tomar en consideración varias posibilidades y escoger entre éstas. Existen ocasiones puntuales en que sí se requieren decisiones rotundas, como en el caso de decidir dejar un vicio, un mal hábito, una adicción o una relación tóxica; en todos los demás casos es mejor ELEGIR.

Si eliges, tienes otras posibilidades. Si decides, es una sola opción que además puede ser responsable por muchos acuerdos equivocados, incluso caducos, pero que por haber sido tomados bajo el precepto de una decisión, se piensa que tienen que ser cumplidos de por vida. Esto no quiere decir que se hagan elecciones sin palabra, sin compromisos, o con puertas traseras de escape, sino que existen ocasiones válidas en que el camino se vuelve intransitable y no hay por qué continuar si es errado o si las circunstancias cambiaron.

Tampoco se trata de una inacción crónica, pues al no actuar cuando nos corresponde corremos el riesgo de permitir que otros elijan por nosotros y falsamente nos releven de la responsabilidad que conlleva tomar un camino, todo por el miedo a equivocarnos o fracasar. Se trata de utilizar la sabiduría y no las creencias para hacer las elecciones.

«El más difícil aprendizaje en la vida consiste en escoger entre cuál puente cruzar y cuál puente quemar».
DAVID RUSSELL

En su magnífica traducción del Tao, Stephen Mitchell escribe: «No tomes decisiones, deja que las decisiones se tomen por ti». Esta frase hace referencia a que sea Dios quien elija por nosotros al mostrarnos el camino, eliminando Él mismo las otras alternativas por medio de lo que nos muestre. Sólo que para poder observar esto y ser objetivos, primero debemos dejar ir totalmente nuestro empeño de tomar cierto camino pues muy bien podría ser el incorrecto. Entonces, lo ideal es permitir que Dios nos muestre un avance del sendero antes de tomarlo para evitar disgustos y pérdidas de tiempo.

Cuanto más me desprendo de lo que quiero,
más claro puedo ver lo que realmente necesito.

9.ª herramienta de poder: No estamos solos

Vivimos en un mundo visible pero paralelamente somos parte de un mundo invisible poblado también por ángeles. Éstos han estado presentes en todos los momentos de la historia y han sido enviados a la Tierra por Dios con el fin de ayudar el planeta en las diferentes eras. Los ángeles pueden interceder en cualquier momento para ayudarte. A veces se presentan como un apoyo inesperado o por medio de una persona que te ayuda, por ejemplo a cambiar o recargar la batería del coche en un barrio peligroso en medio de la noche; o bien, vienen a darte un aviso, como un deseo incomprensible de parar el coche sin ningún motivo, segundos antes de un posible accidente.

Todos los días por la mañana rezo una oración muy sencilla para invocar los ángeles.

Oración a San Miguel Arcángel

(Mientras la dices, señala con la mano hacia donde menciones).

San Miguel me protege: san Miguel adelante, san Miguel atrás,
san Miguel arriba, san Miguel abajo, san Miguel a la derecha,
san Miguel a la izquierda, por todos lados san Miguel.

Al finalizar la oración con un GRACIAS colocarás tu mano en el corazón.

OTROS MENSAJEROS DE DIOS: MARIPOSAS NARANJA Y OTRAS HADAS

Una noche vi una gigante mariposa naranja que volaba por mi patio. Llegó de manera imprevista. No estuvo mucho tiempo en mi jardín, pero disfruté de su visita con todo mi corazón y todavía la recuerdo vívidamente. «En los ocho años que llevo viviendo en esta casa nunca antes había visto una mariposa naranja, menos en la noche», me repetía. No es común que una mariposa diurna vuele de noche, pero sucedió y tengo testigos de ello. No tomé este acontecimiento como una casualidad. Era, sin duda, un mensaje y más tarde pude desvelar su significado: era el presagio de un renacimiento en mi vida.

MENSAJES DEL CIELO

¿Te ha sucedido alguna vez que has recibido un mensaje desde el mismísimo firmamento? Quizás fue cuando perdiste a un ser querido y la brisa te confirmó que vivía en luz, o quizás fue al estar enamorada y la letra de una canción de pronto te confirmó tu sospecha de amor. Los mensajes del cosmos son una forma sublime de Dios para comunicar una noticia, una buena nueva. Su lenguaje es mágico, lleno de colores, esperanza y amor. Creo que el espíritu de Dios vive en la naturaleza, en los animales y en el viento, que se convierten en Sus cómplices para traernos mensajes del cielo. Sólo tenemos que estar despiertos para recibirlos correctamente.

MENSAJES DE CAUTELA

Recuerdo una hermosa tarde en la que conducía por una carretera que bordeaba los campos de Italia. Disfrutábamos del paisaje, cuando de repente un pájaro negro se cruzó ante nuestro coche. Inmediatamente sentí frío y un sentimiento aterrador. No pude contenerme y grité: «¡Cuidado!». Así lo hicimos, tuvimos cautela. Efectivamente, unos segundos más tarde, presenciamos una escalofriante escena: un accidente en el que un coche había atropellado a un ciclista cuyo cadáver yacía en la carretera cubierto por una manta. Aún no he dado con el significado real de este mensaje. Quizás pudimos haber sido nosotros quienes lo atropelláramos, o quizás era un anuncio del ángel de la muerte que venía a robar un alma para recordarme que la vida era corta, que debía disfrutar el momento.

Otra señal se produjo en una ocasión en que encontré niebla en una carretera de Miami poco después de haber escrito un párrafo de este libro sobre cómo Dios nos guía a través de las tinieblas de la existencia, cuando no podemos ver las situaciones claramente. «Vivo en Miami ¡No es normal que haya niebla en la carretera!», me repetía al mismo tiempo que rezaba a Dios y a sus ángeles para que despejaran mi camino. Llegué sana y salva a casa, pero me quedé reflexionando sobre el significado de aquella repentina y extraña niebla, y dos días más tarde se me reveló una situación nebulosa donde había mentira y engaño.

Todo lo que nos sucede afuera es un reflejo de nuestras vidas en su interior, sólo debemos aprender a interpretar el lenguaje simbólico de Dios y a estar despiertos a sus símbolos. Los eventos imprevistos son Su lenguaje, los símbolos son Sus letras y el sentimiento que provoca el evento es el tono de Su mensaje. Cualquier mensaje divino debe ser traducido en tu corazón. La meditación, la conexión voluntaria con Dios y el silencio diarios han despertado en mí un hermoso fenómeno: el poder reconocer y descifrar la mayoría de las veces este fantástico lenguaje.

LA EXTRAÑA MARIPOSA AZUL

Durante un viaje a Panamá conocí a Marina, uno de esos seres de luz que encuentras en el camino. Tras nuestro encuentro me regaló una réplica en miniatura de la mariposa azul, un ícono de su oriunda Costa Rica. Las alas de la mariposa azul del género *Morpho* están cubiertas por escamas cristalinas que con la luz del sol brillan con fantásticos matices de azules y verdes, sin embargo cuando la mariposa descansa sus alas se cierran y muestran sólo una sobria silueta marrón, estrategia natural sumamente útil para camuflarse y protegerse entre los árboles. Al entregarme su regalo, Marina me dijo que yo era como la mariposa azul del género *Morpho*, un ser de luz escondido bajo las sombras de un pasado triste, pero a quien ya le había llegado la hora de volar y mostrar sus colores verdaderos para llevar un mensaje de esperanza al mundo.

Esta mariposa azul es considerada también un ser mágico y la leyenda cuenta que quien la puede alcanzar consigue un milagro. La mariposa azul de la cubierta de este libro es la misma que me regaló Marina hace años cuando aún no sabía que iba a escribirlo. Este libro era su mensaje.

¿Cómo es tu mariposa azul? ¿Qué mensajes te está enviando Dios actualmente? ¿Puedes verlos? Quédate alerta. Tu respuesta puede estar más cerca y más accesible de lo que piensas.

10.ª herramienta de poder: La voluntad

Tu voluntad inquebrantable necesita una fuerza sobrehumana para mantener tu integridad y tu lealtad al plan Divino, en todo momento. Una voluntad sometida a la Voluntad de Dios es el arma secreta más poderosa que puedes tener. La voluntad está acompañada por la persistencia pero no por la insistencia. La persistencia es el compromiso amoroso, la insistencia en cambio es el ego y el apego a un resultado.

Tercera Estrategia: Esfuérzate, pero no luches

Desde pequeños nos entrenan a luchar por la vida. La frase «El que no lucha no llega a nada» se ha convertido en un refrán popular que oímos repetir una y otra vez en nuestro entorno. El sufrimiento y la lucha son el himno nacional de la sociedad moderna, orgullosa hasta en sus diálogos más triviales de estar en el campo de batalla: «Cómo estás?», nos preguntan. «¡En la lucha!», respondemos.

Generalmente creemos que si las cosas marchan demasiado bien, algo debe andar mal, pues para salir hacia adelante sentimos que debe haber sacrificio y *lucha*. La lucha es sinónimo de riña y disputa, y muchas veces así nos pasamos la vida. ¿Son la lucha y el sufrimiento nuestro estado natural?

Una vez más el ejemplo de la naturaleza nos despeja el camino. Un día, sentada con mi hija en el jardín, observaba a un pajarito construir un nido. Con toda determinación volaba desde un árbol hasta el nido con pedacitos de ramas en su pico para luego entrelazarlos y moldearlos. A veces el viaje era en vano, pues cuando ya casi había llegado con su carga, ésta se le caía. Pero eso no era suficiente para que el animalito se diera por vencido. Contamos decenas de viajes sin aparente resultado. ¿Sufría este pajarito? ¿Era su lucha? La naturaleza nos da todo lo que necesitamos, como las ramas para el nido y el instinto para construirlo. El tratar de construir el nido le suponía al pajarito un esfuerzo, pero estaba muy lejos de la lucha y el sufrimiento. Al igual que el león necesita correr y realizar un esfuerzo para alcanzar su presa, pero que dispone de la agilidad necesaria para hacerlo, las personas debemos conocer las herramientas que tenemos y adquirir otras nuevas para vivir sin lucha y sufrimiento.

Al resistirse a una situación, ésta se perpetúa, mientras que al aceptarla, le quitas el poder. La responsabilidad no es igual a la culpa, es el arte de responder correctamente a una situación. Los sentimientos negativos que tienes son los tuyos. Tú les das el valor. Entre las definiciones de sufrimiento se encuentran la de resistir y la de aguantar. La acción de soltar y aceptar te libera del sufrimiento.

La ley del menor esfuerzo reina también en la naturaleza. El agua en el río sigue el curso de menor resistencia, pasa por el lado de la roca y sigue su camino, no continúa luchando en el mismo lugar. Cuando algo no nos resulta bien o no fluye, a pesar de tu esfuerzo, es hora de reevaluar la situación y tomar otro camino. Quizás no es el momento, quizás no es la manera, quizás necesitamos más herramientas, más información o más energía. Todo tiene su tiempo. Comunica lo que necesitas, pero no pierdas tiempo en defender tu postura si al otro lado no hay un canal abierto; es una pérdida de tiempo y energía ya que pocas veces puedes convencer a otro y cuando lo logras es aún causa de más sufrimiento, entonces, suéltalo, no insistas, sigue tu camino. Escoge bien tus batallas, hoy en día la mayoría de luchas sólo merman tu fuerza.

11.ª herramienta de poder: El desprendimiento

El desprendimiento es una de las armas más poderosas que puedes utilizar. El desprendimiento saludable consiste en dejar que el agua fluya sin intervenir en su curso. El apego desesperado es la mayor causa de guerra, muerte, destrucción y separación. Sin posesiones, ni orgullos nacionalistas, sin la necesidad de defender tus ideas a ultranza, nadie podrá manipularte o declararte la guerra. Si identificas sólo en Dios tu fortaleza y no dependes de bienes externos, nadie ni nada podrá hacerte flaquear.

12.ª herramienta de poder: La fe

La más alta herramienta de poder es, sin duda, estar conectado a Dios, fuente inagotable de paz interna. La palabra «fe», lejos de significar una creencia ciega en algo, tiene su origen en el latín *fides* y significa «lealtad». Esta lealtad participa de palabras con mucho peso como por ejemplo *fide*lidad y con*fianza*. Sólo puedes ser fiel a aquello en lo que crees certeramente y amas con todo tu ser. Nuestra fe se alimenta de la lealtad hacia nosotros mismos y hacia Dios. Tener fe consiste en confiar totalmente en el Orden magistral de las cosas. Tener fe consiste en vivir con Dios y Su voluntad sin necesidad de la muleta de la evidencia.

EPÍLOGO: UN NUEVO CICLO

Mi más profundo deseo es que, gracias a este libro y a partir de hoy mismo, elijas vivir en la certeza de que estás protegido, seguro en la incertidumbre de estos tiempos convulsos, repletos de ecos de enfermedad, guerra, aniquilación y catástrofes. Deseo que continúes centrado en tu propósito, alejado del miedo, situado firmemente en el camino que Dios ha trazado para ti. Te aseguro una vez más que si estás con Él siempre estarás protegido de toda calamidad. Está comenzando un nuevo ciclo, un renacimiento para la humanidad, no una destrucción. El futuro no está escrito, nosotros mismos lo vamos pincelando con nuestras intenciones, acciones y pensamientos, a través de la imaginación.

¿Podremos visualizar un mundo nuevo de paz?

Vive con entusiasmo. Pasa tiempo en silencio. Cuida tus pensamientos. Siente tus emociones. Mira hacia la Luz. Simplifica tu vida. Juega con un niño. Sonríe. Observa la naturaleza. Deja un legado. Siembra un árbol. Perdona a alguien. Baila. Dile a alguien que le quieres. Pide perdón, da tu perdón. Actúa y no tengas miedo a equivocarte. Vive el ahora. Aprende de tus lecciones. No te quejes por lo que ya pasó. Disfruta cada momento de tu vida. Haz todo esto de la mano de Dios y te aseguro que tu vida fluirá.

RESUMEN DEL PROCESO DE CONEXIÓN

1. Observa

Haz una pausa en el camino y obsérvate. Respira profundamente varias veces hasta estabilizarte. No reacciones, quédate en silencio y observa la situación que se te presenta, no tomes ninguna decisión de momento. Mantente en silencio y comienza la comunión con Dios para que Él te guíe y puedas ver con Sus Ojos.

2. Acepta

Acéptalo, llega a término con tus resultados presentes, pues todo a lo que te resistes adquiere más fuerza. Aceptar no es conformarse, ni resignarse, es ser responsable y actuar con un enfoque positivo y proactivo, asumiendo siempre el control de tus reacciones. Acepta con humildad el lugar dónde te encuentres en el camino, sin negación y sin culpa. Sabiendo con conciencia dónde estás en el camino, sabrás plenamente hacia dónde dirigir tu próximo paso.

3. Agradece

Agradece cada lección que recibes, pues cada caída encierra un milagro. Déjale saber a Dios por medio de tu agradecimiento que estás dispuesto a recibir sus milagros. Todo tiene una razón de ser, recuerda, tanto las estrellas como las galaxias tienen un orden que las rige.

4. Invoca la voluntad divina

Este paso consiste en invitar e invocar conscientemente la ayuda Divina, dar el permiso y estar de acuerdo en que es Él quien te inspirará la solución para que puedas aplicarla. Como ya vimos, todos tenemos el libre albedrío, pero ni Dios mismo interviene si no es invitado conscientemente. Dios siempre tiene la respuesta perfecta, el secreto está en DAR PERMISO. Si no permitimos por nuestra propia voluntad que Dios entre en nuestras vidas a trabajar nuestro reto, esta ayuda se retrasará.

Oración de conexión

Padre Mío, invoco tu presencia celestial, para que ésta trabaje a través de mi ser en todo momento y permito que Tu Voluntad se manifieste en todas las áreas de mi vida. Yo te entrego mis relaciones personales, familiares, te entrego mis finanzas, mi propósito, te entrego mi salud, mi entorno físico, mi servicio y mi espiritualidad. Te entrego mi mente, mis pensamientos, mis emociones y mi espíritu, para que los armonices en Tu Luz. Acepto y permito convertirme en un instrumento de Tu Plan, a través de Tu Voluntad, expresando así mi más alto potencial, por medio de la presencia de tu Ser en mí. Utilízame, en formas inimaginables para mí, hazme un instrumento de tu Plan, canaliza mis talentos, mis manos, mi voz, mis ojos, mis oídos, mi cerebro, mis piernas y mi imaginación, para que a través de ellos, lleves a cabo Tu más alta Voluntad. ¡Amén!

5. Perdona

Perdonándonos a nosotros mismos nos amamos, perdonando a otros nos liberamos. Existen faltas a primera vista imperdonables, es por esta razón que sólo podemos «perdonar» junto a la ayuda de la gracia divina de Dios, al darnos cuenta de que sólo nosotros mismos podemos dar el poder para que una acción en contra nuestra nos duela eternamente.

Perdonar no es excusar o condonar las acciones de otros, consiste en darse cuenta de que nada ni nadie pueden dañarte, a menos que tú mismo le des el permiso para hacerlo. Ora: *Mi dios estoy dispuesto a perdonar a traves de ti.*

6. Suelta, deja ir y permite

Es importante soltar, dejar ir y permitir, entregando totalmente la situación a Dios, sin esperar nada específico, ni que la solución venga como tú la deseas, ni que las personas reaccionen como quieres. Retira completamente tu apego al resultado. Si confías y logras desprenderte totalmente de la situación, del miedo, de la culpa, la ira y la autocompasión desmedida, verás cómo la inteligencia de Dios, que rige todos los astros y el universo, lo resolverá. Desprenderse no es una forma de martirio, ni resignación, ni de inacción, por el contrario, es responsabilidad.

7. Divulga el mensaje

Para que este estado de paz interior y conexión sea duradero es necesario completar el último paso de la conexión: COMPARTIR CON LOS DEMÁS y ayudar a otros a encontrar su conexión con Dios, no por medio de predicar ni de tratar de convencer, sino a través de la expresión natural de tu nuevo ser.

Cuando alguien pregunte cómo és que estás tan lleno de paz, ése será precisamente el momento de compartir con los demás otorgando todo el crédito de tus dones, ventajas y éxito a la fuente real que no es otra que Dios.

Ejercicio

Prácticas diarias

El resultado de lo que eres hoy es el conjunto de miles de minúsculas elecciones y momentos experimentados a través de tu vida. Si no eres consciente de ello, las oportunidades de vivir esas elecciones se desvanecerán entre tus manos, ya que ellas no necesariamente están compuestas de gigantes pasos, ni de grandes hazañas, sino de pequeños y constantes peldaños, conducentes hacia un ideal en cada área de tu vida. Por lo tanto, hoy mismo puedes comenzar a dar estos pequeños pasos hacia esa vida consciente, armoniosa, conectada y guiada por un propósito en las diferentes áreas de tu vida.

Guía para tus prácticas diarias

Después de hacer el Proceso de Conexión, toma una libreta y escribe reflexiones sobre cada área de tu vida, tanto de lo que funciona, como de lo que no está en armonía. Luego escribe y visualiza ese ideal, y describe varios pasos que puedes dar para mejorar esa área. En el día de hoy, sólo necesitas escoger y efectuar un paso pequeño hacia esa meta, pues los grandes pasos los darás naturalmente. El pasar los pequeños peldaños eventualmente hará evocar en ti un *momentum* que dará el impulso de realizar ese gran salto, que sólo puede lograrse acumulando energía. Por ejemplo, si tu propósito es comenzar un legado para alimentar miles de niños, comienza por el primer niño; si tu reto es tener abundancia, comienza por invertir bien el primer dólar; si tu reto es dejar un vicio, dile no a la primera copa, y así sucesivamente. Primero necesitas conectarte a Dios y Su plan, luego, elevar poco a poco tu conciencia. No puedes resolver un problema desde la conciencia que originalmente creó tu situación negativa, tal como dijo Einstein. Y recuerda: esta guía no sigue necesariamente un orden específico, pues puedes adaptarla y modificarla según tus prioridades y circunstancias presentes, no hay una forma perfecta de seguirla.

También recuerda que la vida es el momento, así que es importante que mientras tus retos se van resolviendo, sigas viviendo en plenitud cada día, porque el presente es perfecto, pues es el resultado de las mejores decisiones que pudiste tomar con tu grado de conciencia. Pensando así eliminas el juicio y te permites vivir plenamente. Esto no quiere decir que no vamos a hacer lo posible por mejorar nuestras vidas, sólo que mientras tanto, vamos a seguir «viviendo plenamente».

1. *Silencio y autoobservación*

   Por la mañana: haz la tarea de levantarte una hora antes que las demás personas en tu casa, de esta manera te garantizarás un momento de tranquilidad. Despierta antes que el primer pensamiento entre en tu mente, pues es ese primer pensamiento el que usualmente decide cómo te vas a sentir durante el resto del día; el verdadero significado de levantarte «con el pie izquierdo» es que te has apegado a un pensamiento negativo o de preocupación. Busca un lugar tranquilo, puede ser en el patio o el balcón. Observa sin prejuicio dónde está tu pensamiento y corrígelo si es necesario, buscando el pensamiento positivo correspondiente.

2. *Meditación*

   Puedes practicar la Meditación del Arco Iris o la respiración de la Meditación Yo Soy. Usa tu mala, tu rosario, o cualquier práctica que beneficie el estado de tu mente.

3. *Proceso de Conexión*

   Practica el Proceso de Conexión, y una vez te hayas conectado conscientemente y hayas seguido todos los pasos, se te facilitará el mantenimiento diario, sólo requerirá repetir la oración de Conexión, o El Padre Nuestro, o basta con decir a Dios: «Estoy dispuesto». Una vez al mes o cuando lo necesites, puedes hacer todos los pasos de conexión.

4. *Presencia*

 Practica el hecho de experimentar el mundo y su presente con todos tus sentidos: es el verdadero «estar despierto».

5. *Cuerpo físico*

 Diariamente haz un ejercicio físico. Por la mañana, practicar Yoga o caminar es muy beneficioso. Luego, a la hora de comer, toma mejores decisiones en cuanto a lo que ingieres. Haz algo por tu salud hoy, quizás esa cita médica que tanto has evitado.

6. *Abundancia*

 Revisa esta área y da un paso, ya sea haciendo una llamada a un deudor, cobrando una antigua deuda, ahorrando el primer dólar o haciendo una reunión para aprender más sobre un negocio. Recuerda también que es importante dar un diezmo.

7. *Espiritualidad*

 Lee un libro que te inspire, practica una visualización, eleva una oración a Dios, o visita una iglesia. Da un primer paso para sentirte más conectado espiritualmente.

8. *Servicio*

 Ayuda a un amigo o planifica un legado. Haz algo por alguien el día de hoy. Cómprale almuerzo a un mendigo.

9. *En tu relación de pareja o personal*

 Da un paso para mejorar tus relaciones de pareja, comparte sueños y metas, dile al otro que lo amas. Si estás solo, haz algo por ti mismo, demuéstrate que te amas.

10. *Familia*

Decide comenzar a sanar una relación con un familiar, pasa un tiempo especial con tu familia, visita tus padres o lleva a tu hijo al parque.

11. *Tu verdadero propósito*

Finalmente, da un solo paso hoy para encontrar tu verdadero propósito; si no lo has encontrado, hazte una pregunta de apertura para encontrarlo, como por ejemplo: ¿Estoy feliz en mi trabajo? Y lo más importante: al conectarte a Dios, escucha solamente sus direcciones y actúa con amor.

Prácticas diarias

- ____ *Silencio y autoobservación*
- ____ *Meditación*
- ____ *Proceso de Conexión*
- ____ *Práctica de la presencia*
- ____ *Un paso para tu cuerpo físico*
- ____ *Un paso para tu abundancia*
- ____ *Un paso para tu espiritualidad*
- ____ *Un paso para tu servicio*
- ____ *Un paso para tus relaciones personales*
- ____ *Un paso para tus relaciones de familia*
- ____ *Un paso para tu verdadero propósito*

SOBRE LA AUTORA

SHARON M. KOENIG (Puerto Rico, 1962) es una mujer con una concepción holística de la vida, que se ha dedicado durante años al aprendizaje de la vida espiritual con la ayuda de grandes maestros. Ha organizado diversos eventos inspiradores para fomentar el potencial humano. Sus palabras y sus escritos son el resultado de sus intensas vivencias personales y de largos años de estudios con eminentes sabios de diferentes culturas.

Hoy en día, la misión que más la define es, sin duda, la de «agente de cambio», una mujer-mensajera que se dedica a compartir sus conocimientos con los demás para el enriquecimiento de la conciencia colectiva.

Si quieres contactar con ella directamente, puedes visitar su página web: www.losciclosdelalma.com, donde tendrás también la posibilidad de descargar distintas herramientas y meditaciones guiadas, creadas y grabadas por la propia autora.

LECTURAS RECOMENDADAS

Lecturas recomendadas en español

BACH, R.: *Ilusiones*. Ediciones B, Barcelona, 2006.

BALDWIN DANCY, R.: *Usted es el primer profesor de su hijo*. Medici, Barcelona, 2006.

BARKS, C.: *La esencia de Rumi*. Ediciones Obelisco, Barcelona, 2002.

BAROCIO, R. *Disciplina con amor*. Editorial Pax, México, 2005.

BLEEFELD Y BRADLEY R. RABI. *Parábolas del Talmud*. Ediciones Obelisco, Barcelona, 2006.

BUCAY, J.: *Amarse con los ojos abiertos*. RBA Libros, Barcelona, 2009.

COELHO, P.: *Manual del guerrero de la luz*. Editorial Planeta, Barcelona, 2000.

DALAI LAMA: *En mis propias palabras*. Hay House, Madrid, 2009.

DEEPAK CHOPRA: *Cuerpos sin edad, mentes sin tiempo*. Ediciones B, Barcelona, 2009.

DYER, W.: *El gran cambio*. Hay House, Madrid, 2009.

— *Cambie sus pensamientos y cambie su vida*. DeBolsillo, Barcelona, 2010.

FROMM, E.: *El arte de amar*. Paidós, Barcelona, 2009.

HAY, L.: *Usted puede sanar su vida*. Ediciones Urano, Barcelona, 1999.

JAMPOLSKY, G.: *Amar es liberarse del miedo*. Los libros del Comienzo, Madrid, 2004.

JARAMILLO, J.; *Te amo pero soy feliz sin ti*. Diana, México, 2010.

— *Volver a lo Básico*. Ediciones Versalles, Bogotá, 2005.

MORAN, V.: *Tu luz interior*. Ediciones Oniro, Barcelona, 2010.

OSTEEN, J.: *Su mejor vida ahora: Diario de oración y reflexión*. Casa Creación, Lake Mary, 2005.
PLATÓN: *República*. Mestas Ediciones, Madrid, 2006.
RISO, W.: *Los límites del amor*. Norma Editorial, Barcelona, 2006.
RUIZ, M.: *Los cuatro acuerdos*. Ediciones Urano, Barcelona, 1999.
SAINT-EXUPERY, A.: *El principito*. Salamandra, Barcelona, 2002.
SCOVEL SHINN, F.: *El juego de la vida y cómo jugarlo*. Ediciones Obelisco, Barcelona, 1999.
WEIL, A.: *La mente natural*. Ediciones Obelisco, Barcelona, 2005.
WILLIAMSON, M.: *Espera un milagro*. Ediciones Urano, Barcelona, 2004.
WILLIAMSON, M.: *Volver al amor*. Ediciones Urano, Barcelona, 2008.

Lecturas recomendadas en inglés

MITCHELL, S.: *The Second Book of Tao*. Penguin Press, 2009.
— *Bhagavad Gita*. Three Rivers Press, 2002.
PAXSON, L."Bud": *Threading the Needle: The Pax Net Story*, Harperbusiness, 1998.
SINGER, M. E.: *The Untethered Soul: The Journey beyond Yourself*. New Harbinger Publications, 2007.
The Dalai Lama's Little Book of Inner Peace, Hampton Roads Publishing, 2009.
VASWANI, J. P. : *The magic of forgiveness*. Gita Publication House, 2007.
WILLIAMSON, M.: *Illuminata: A Return to Prayer*. Riverhead Trade, 1995.

ÍNDICE

TODO URGENT

- HORRA (2)
- MLS (3)
- AND DO Marcelo | Wag leeds (5)
- Pagina pera o Brasil (4)
- Carol Panli | Pagina (1)